韓非子哲學新探

陳蕙娟著

文史哲學集成

自 序

先秦諸子很少不徵引歷史的，而《韓非子》徵史之博多，為諸子之冠。初步統計，《韓非子》徵引史事約近千則（含重複徵引），徵引歷史人物約五、六百人。這種情形很獨特。於是學術界就有人針對《韓非子》書中的史事、史料做研究或考辨。

韓非集先秦法家之大成，《韓非子》一書是法家學說最具代表性的經典名著。因此，不少學者對於韓非或《韓非子》的政治思想、法律思想、哲學思想、經濟思想、邏輯甚至文學思想等各方面做探討，都有專門論著出版，而且獲得了相當的成績。不過這些著作大都抽出歷史，只作橫面、平面的研究。

然而，韓非徵引那麼多歷史，與韓非本身的思想究竟有何關聯？或者說韓非哲學與歷史知識有何關係？到目前為止，學術界尚無專著討論。但站在學術的立場，韓非徵史是否涉及其思想這一課題，應該有專門的研究才是。因為韓非哲學對歷史知識的吸納、轉化和開展可留給後人以啟示。就是這一課題的學術價值所在。

聞名的英國歷史哲學家柯靈烏（R.G. Collingwood）說：「歷史知識的正統對象是思想。」又說：「一切歷史都是思想的歷史。」柯氏在此已點明歷史與思想關係的密切性。馮友蘭也說：「歷史能影響哲學，哲學亦能影響歷史。」（《中國哲學史·緒論》）。他們的話給我很大的啟發，讓我認清研究的方向。本書就是從「歷史與思想關係」這一問題意識切入的。全書大部分篇章都著力於闡述：韓非如何從歷史知識採擷歷史教訓，供作殷鑑；如何提鍊歷史知識精華，形成自己的思想。韓非為了宣揚其思想，又如何徵史說明其

思想的正確性；證明其理論的可行性。於此顯示韓非的思想是植根於歷史，建基於經驗。在美國執教三十多年的傅偉勳教授一再強調，哲學思想貴在「批判的繼承，創造的發展。」韓非哲學正是這樣的一個典型。我們從韓非主要觀念的形成，根本思想的奠基，哲學體系的建立，如何批判的繼承，如何創造的發展之過程，一一揭開層層的面紗，展示於讀者面前。這是研究韓非哲學的新嘗試，也是本書命名為《韓非哲學新探》的一個理由。

從定義或界說出發，是從事學術研究的一個重要方法。因為對概念或觀念下定義，才能明白討論的對象和討論的範圍，掃除歧義與混含，使討論有交集，避免天馬行空，也比較容易獲得共識。本書對重要的概念或觀念都先下界定，再進行論述。這是本書的一個特色。

誠如王讚源教授說的「所謂經典，應該是不同的時代可以讀出不同的意義。」（《墨子‧自序》）無可置疑的，《韓非子》一書是先秦法家思想最具代表性也最重要的一部經典。我們從現代的眼光和新的視野，揭示韓非哲學具有現代價值與意義有八項：其一，注重歷史的經驗；其二，循名實因參驗的方法；其三，注重社會政治的共識問題；其四，通權達變的精神；其五，批判政治與異議份子；其六，重視危機意識；其七，堅持誠信原則；其八，提倡守法的精神。這些觀念，前人並無論及。這是本書命名為《韓非哲學新探》的另一個理由。

韓非徵史廣博，其徵引之史事與史書所載有無差異，本書附錄：〈韓非子與史書傳說寓言之關係〉，可供比較。

本書的撰寫前後花了六年多的時間，也用了不少心力，但因筆者學植淺薄，缺失在所難免，企盼方家、讀者不吝指教是幸！

陳蕙娟 2004.5.4.

韓非子哲學新探

目　錄

自　序 …………………………………………………………………… 1

導　論 …………………………………………………………………… 1

　第一節　研究動機 ……………………………………………………… 1

　第二節　「歷史」定義 ………………………………………………… 2

　第三節　研究範圍 ……………………………………………………… 4

　第四節　本書結構 ……………………………………………………… 6

第一章　韓非子徵引歷史之方式 ……………………………………… 9

　第一節　隻字片語（用典方式） …………………………………… 12

　第二節　概括史事 …………………………………………………… 13

　第三節　連類排比 …………………………………………………… 16

　第四節　整段援引 …………………………………………………… 18

　第五節　徵史詰難 …………………………………………………… 20

　第六節　先簡後繁 …………………………………………………… 24

第二章　韓非子徵引歷史之用意 …………………………………… 27

　第一節　吸取歷史教訓作爲殷鑑 ………………………………… 27

　第二節　韓非子徵史說明其思想 ………………………………… 34

　第三節　韓非子徵史證立其思想 ………………………………… 38

第三章　韓非子批評歷史 …………………………………………… 57

　第一節　韓非子評史事 …………………………………………… 57

第二節　韓非子對歷史人物的評論……………………… 65

第三節　韓非子對各學派的評論………………………… 71

第四章　韓非子思想與歷史之關係……………………… 75

第一節　徵史之標準與數目……………………………… 75

第二節　韓非子徵史廣博………………………………… 81

第三節　韓非子主要觀念的歷史背景…………………… 86

小　結…………………………………………………121

第五章　韓非子哲學基石之形成…………………………123

第一節　檢證的方法論……………………………………123

第二節　自利的人性觀……………………………………129

第三節　功用的價值觀……………………………………136

第四節　演變的歷史觀……………………………………140

小　結…………………………………………………146

第六章　韓非子哲學體系之建立…………………………147

第一節　法家三派…………………………………………147

第二節　韓非子哲學體系的建立…………………………158

小　結…………………………………………………169

第七章　韓非子哲學的現代意義…………………………171

參考書目……………………………………………………187

附　錄：《韓非子》與史書傳說寓言之關係……………193

第一節　《韓非子》與各國《春秋》之關係……………193

第二節　《韓非子》與《左傳》之關係…………………202

第三節　《韓非子》與《戰國策》之關係………………208

第四節　傳說異聞…………………………………………217

第五節　《韓非子》之寓言故事…………………………220

導　論

第一節　研究動機

心理學指出，凡人做事皆有「動機」、「過程」和「結果」三個步驟或歷程。學術研究也沒有例外。本書的研究動機有以下幾點：

一、筆者一向喜歡歷史故事，從小到大並沒有改變這一習性，唐太宗說：「以古爲鑑，可以知興替。」這說明歷史教訓的可貴處。依經驗發現，善於記取歷史教訓或啓示的人，比較能洞明世事，練達人情。

二、先秦諸子以《韓非子》徵引史事最多。韓非爲什麼要徵引那麼多歷史？其用意何在？功用在那裡？韓非思想與歷史又有什麼關係？這一連串的問題引起我的好奇，於是興起一探究竟的心意。今存《韓非子》五十五篇，除了少數篇章沒有徵引歷史，大多數篇章都徵引史事。初步統計，〈難言〉、〈飾邪〉、〈喻老〉、〈說林上下〉、〈內外儲說〉、〈難〉、〈說疑〉、〈五蠹〉和〈顯學〉等十八篇，每篇徵引史事都在二十則以上。〈說林上下〉全篇都記載一件一件歷史的始末。〈說疑〉篇全文 2643 字，徵引史事多達八十八則。〈難言〉篇短短 617 字，徵引二十五則史事，出現的歷史人物竟有二十九人之多，這在其他先秦子書是沒有的。這種現象很特別，值得作研究。

三、〈韓非子〉徵引那麼多史事，可以推想韓非的思想必然受歷史的影響，這在學術上是值得探討的課題。而且韓非思想與歷史的

關係這一課題，目前還很少人論及。這也是我選擇這一課題的理由。

第二節　「歷史」定義

嚴格的說，從事討論或從事學術研究，要從概念的定義或界說（Definition）出發。有了定義才有共同的討論範圍（universe of discourse）和共同的對象，才能「循名責實」，也才比較可能獲得共識。既然要研究韓非哲學與歷史的關係，因此我們要先給「歷史」一詞找出一個定義來。

我們先看專家怎麼說。

近代英國著名的歷史哲學家柯靈烏（R. G. Collingwood）在《歷史的理念》說：「當代的史家認為『歷史』應該是（一）一種科學（性質），（二）關心人類在過去的行為（言、行）（對象），（三）經由解釋證據來追求（方法），（四）為了人類之自我認識（目的或價值）。」[1]

我們再看下列辭典的解釋：

1.教育部《重編國語辭典》第二冊：[2]

「歷史：過去所發生的事實，或有關此事實之變遷及沿革的文字記載，謂之歷史。」

2.三民書局《大辭典》中冊：[3]

「歷史：歷史是人類經驗的記錄。『史』字的本義是以手持筆記事，人類的經驗構成文化，用文字把文化表達出來，便是歷

---

1 R. G. Collingwood：《歷史的理念》，頁 11，黃宣範譯，1981 年，聯經出版公司，台北。
2 教育部：《重編國語辭典》第二冊，頁 1517，1981 年，台灣商務印書館。本書共六冊，由各學科教授兩百八十位撰稿，歷五年半完成。
3 三民《大辭典》，頁 2434，1985 年，三民書局。本書分上中下三巨冊，由各科教授一百二十位撰稿，歷十四年完成。

史。」

3.A. S. Hornby（郝恩貝）：Oxford Advanced Learner's Dictionary of Current English [4]（牛津高級英文辭典）

「History：branch of knowledge dealing with past events, political, social, economic, of a country, continent or the world.」

（歷史是處理過去發生之事實的一門知識，包括一個國家或世界政治、社會、經濟等各方面發生的事實。）

4.Webster's. New international Dictionary [5]（韋氏新國際辭典）：

「 History：1. The branch of knowledge that records and explains past events; 2. the events which form the subject matter of a history.」（1.歷史是記錄及解釋過去發生之事實的一門知識；2.成為歷史資料的種種事實也稱歷史。）

　　以上所舉兩本中文辭典，兩本英文辭典，都具有權威性、精確性和普遍性（各詞條都由相關科目權威教授執筆或審定）。歸納四本辭典的解釋，滿足「歷史」一詞的要件有：1.過去的時空；2.發生的事實或經驗；3.有關個人、社會、國家或世界的事實或經驗；4.包括政治、社會、經濟、法律、思想、軍事等等構成文化各方面的事實或經驗；5.有文字記載及解釋；6.成為歷史資料的事實。合乎這六項要件就是我們所謂的「歷史」，也就是本書對「歷史」的定義。這一定義便是本書各章節判斷是不是「歷史」的「標準」。這一標準也符合柯靈烏的界說。

4 A. S. Hornby：Oxford Advanced Learner's Dictionary of Current English. Oxford University press, 16th edition, 1982。本辭典於 1942 年發行第一版，1963 年第二版，1974 年第三版，每次改版都作大幅度的修訂與增添。第三版推出後，至 1982 年已第十六次再版。中譯本由張芳杰主編：《牛津高級英英英漢雙解辭典》，頁 551，1984 年，東華書局，台北。
5 Webster's. New international Dictionary（韋氏新國際辭典），中譯節選本，《英英英漢國際大辭典》，頁 706，1973 年，大中國圖書公司，台北。美國的《韋氏新國際辭典》與英國的《牛津大辭典》，是英語世界中兩部相互輝映的權威辭典。

第三節　研究範圍

《漢書‧藝文志》著錄《韓非子》五十五篇，與乾道本及今本之
篇數相同。可見《韓非子》是現存先秦諸子書保存最完整的一部著
作。然而宋人已有人懷疑〈存韓〉篇的真實性（王應麟《漢書藝文
志考證》引語）。

民國之後，吹起一陣疑古旋風，懷疑、考證古書的人陸續出場，
蔚成潮流。一時之間，幾乎沒有一本古籍的真實性不受懷疑。他們
疑古、釋古、考古的成績，大都收入顧頡剛等人編著的《古史辨》
七冊書中[6]。對於《韓非子》一書的懷疑，首先是胡適的《中國哲學
史大綱》，他說：

> 依我看來，韓非子十分之中，僅有一二分可靠，其餘都是加入
> 的。那可靠的諸篇如下：
>
> 〈顯學〉、〈五蠹〉、〈定法〉、〈難勢〉、〈詭使〉、〈六
> 反〉、〈問辯〉。
>
> 此外如〈孤憤〉、〈說難〉、〈說林〉、〈內外儲說〉，雖是
> 司馬遷所舉的篇名，但是司馬遷的話是很靠不住的。我們所定
> 這幾篇都以學說內容為根據。大概〈解老〉、〈喻老〉諸篇，
> 另是一人所作。〈主道〉、〈揚榷〉諸篇，又另是一派『法家』
> 所作。〈外儲說左上〉似乎還有一部分可取。其餘的更不可深
> 信了。[7]

換言之，胡先生對現存《韓非子》五十五篇，只以〈顯學〉、〈五

---

6 《古史辨》共七冊，顧頡剛編著第一、二、三、五等四冊，羅根澤編著第四、六等兩
　冊，呂思勉、童書業合編第七冊。《古史辨》於 1921 年，初由北平樸社委託景山書店
　出版，後來改由上海開明書店印行。1970 年，台北明倫出版社重印樸社版。
7 胡適：《中國哲學史大綱》卷上，頁 365-366，1981 年，台北，里仁書局。（據民國
　十二年上海商務印書館版影印）

蠹〉、〈定法〉、〈難勢〉、〈詭使〉、〈六反〉、〈問辯〉七篇
爲真著，其餘四十八篇都不是韓非的著作。

　　對《韓非子》全書各篇章之真偽作深入考訂的，始於容肇祖的《韓
非子考證》[8]。接著是梁啓雄的《韓子淺解》[9]，梁氏在〈前言〉中對
篇章之真偽也作了分析。陳啓天著《增訂韓非子校釋》[10]，他在各篇
的〈考證〉下，也談到該篇的作者問題。三家對於各篇真偽的判定
如下：

　　　　容肇祖：真著十三篇

　　　　　　　　全偽、部分偽、疑偽者十四篇

　　　　梁啟雄：真著、無大問題、思想同、似真著三十篇

　　　　　　　　全偽、部分偽、有問題者十二篇

　　　　陳啟天：真著、可視爲真著二十四篇

　　　　　　　　偽著、部分偽、不無可疑、可疑者二十篇

　　比較三者數字，肯定《韓非子》五十五篇之中真正是韓非的著作：
容氏以爲十三篇；梁氏以爲三十篇；而陳啓天卻以爲二十四篇。顯
然其間差異很大。[11]

　　一九九三年，鄭良樹出版《韓非之著述及思想》。此書分前編、
後編兩部分，前編對於《韓非子》五十五篇，作了詳細考訂的功夫，
重新分辨各篇的真偽。他的結論是：

　　根據〈分論〉的分析和研究，下列篇章應該是偽作：

　　（一）〈初見秦〉、（二）〈存韓〉後半部、（三）〈有度〉、

　　（四）〈二柄〉首段、（五）〈十過〉、（六）〈喻老〉、（七）

　　〈問田〉、（八）〈說疑〉、（九）〈忠孝〉、（十）〈人主〉、

8　容肇祖：《韓非子考證》，1972 年，台北，台聯國風出版社。
9　梁啓雄：《韓子淺解》，1971 年，台灣學生書局。
10 陳啓天：《增訂韓非子校釋》，1969 年，台灣商務印書館。
11 鄭良樹：《韓非之著述及思想》，頁 4-6，1993 年，台北，台灣學生書局。

（十一）〈飾令〉、（十二）〈心度〉、（十三）〈制分〉

根據筆者個人淺見，上述十三篇都不是韓非的作品；換句話說，五十五篇之中，韓非可靠的作品有四十二篇，接近三分之二。[12]

我們注意的是梁任公在其《要籍解題及其讀法》書中的一段話，他說：

> 要之今本《韓非子》五十五篇，除首兩篇外，謂全部為法家言淵海則可，謂全部皆韓非作，尚待商量。但吾儕當未能得有絕對反證以前，亦不敢斷某篇必為偽。[13]

梁任公說：「吾儕當未能得有絕對反證前，亦不敢斷某篇必為偽。」這話正是我們的立場。首篇〈初見秦〉，學術界已公認為後人所誤入，毋須討論。次篇〈存韓〉後半部說：「詔以韓客之所上書，書言『韓之未可舉』下臣斯，臣斯甚以為不然……」，最後一段起言說：「秦遂遣斯使韓也。李斯往詔韓王。未得見，因上書曰……。」很明顯此篇之後半部是李斯的〈上韓王書〉，不是韓非的作品。今本《韓非子》五十五篇，去掉〈初見秦〉和〈存韓〉後半部，還有五十三篇及〈存韓〉前半部。這五十三篇半的《韓非子》，就是本書研究的範圍或「文本」。

第四節　本書結構

本書：《韓非子哲學新探》，由〈自序〉、〈導論〉、和七章主文所構成。另附錄〈韓非子與史書傳說寓言之關係〉。茲簡介如下：

〈導論〉　說明本書的研究動機、歷史定義、研究範圍和本書結

---

12 鄭良樹：《韓非之著述及思想》，頁 366-370。
13 梁啓超：《要籍解題及其讀法》，頁 99，1974 年一版，華正書局，台北。

構。其中「歷史定義」是用以辨別《韓非子》徵史及其數目的標準；也是決定研究對象的依據。一般而言，所謂「學術」是要言必有據。也就是思想言論要有標準和依據。有了標準和依據，才符合學術的本質特性，即「客觀性」和「明確性」。本書從四部具有權威性與普遍性的辭典，綜合出「歷史」的「定義」。從嚴格的定義（界說）出發，是學術的重要方法之一。[14]

第一章〈韓非徵引歷史之方式〉　本章將《韓非子》徵引歷史故事歸納爲六種方式，即隻字片語（用典方式）、概括史事、連類排比、整段援引、徵史詰難和先簡後繁等六種。分作六節舉例加以說明《韓非子》如何呈現歷史。

第二章〈韓非子徵引歷史之用意〉　本章舉例論述韓非徵引歷史之用意，在於吸取歷史教訓作爲殷鑑；用以說明韓非自己之思想；和用以證立韓非自己之理論。

第三章〈韓非子批評歷史〉　本章舉例敘述韓非如何批評史事，如何對歷史人物評論以及對各學派之批評。

第四章〈韓非子哲學與歷史之關係〉　本章闡述韓非徵史內容廣博。並指出韓非如何從歷史記取教訓或啓示形成思想；爲了宣揚其思想，又如何徵引歷史證明其理論的整個過程。顯示韓非哲學主要觀念的歷史背景。

第五章〈韓非子哲學基石之形成〉　本章敘說韓非如何消融歷史知識奠立其哲學基石：方法論、人性觀、價值觀和歷史觀。

第六章〈韓非子哲學體系之建立〉　本章說明韓非如何吸納歷史知識，集成三派法家思想，並如何建立其政治哲學體系。

---

14 布魯格（W. Brugger）：Philosophisches Worterbuch，中文本由項退結編譯；《西洋哲學辭典》，頁 324，「學術・科學」條，1976 年，國立編譯館，台北。這本辭典由美、德、意、奧、瑞士和日本六國，34 位教授合撰。

　　第七章〈韓非子哲學的現代意義〉本章從現代的視野論述韓非哲學的現代價值和意義。

第一章　韓非子徵引歷史之方式

　　韓非吸納了那麼多的史料建立了他的思想體系，他是如何組織、架構他的文章，做最適切的表達？他徵引的史事又是如何呈現的？以下我們先略論他的文章體裁，再舉例說明他徵引歷史的方式，以利相互對照。

　　《韓非子》文本，體裁多樣，遠出戰國諸家之上。先秦諸子議論之文，往往但求立意，並不在體裁方面求變化。而韓非則比較重視以不同的體裁去表達思想，效果往往比專守一體的好。

　　《韓非子》篇章之分類，有許多不同的分法，如：潘重規《韓非著述考》中以內容性質為分類標準，將全書分為五類；王煥鑣《韓非子選》以寫作體例為分類標準，共分三十篇為六類；黃秀琴《韓非學術思想》以文章體裁分類，分韓非之議論文為四類；謝雲飛《韓非子析論》則分為六類。

　　在此筆者採陳麗珠的說法，將《韓非子》文本依篇章結構加以分類。[1]

（一）論述體

　　以「直接議論闡述」的散文型態來寫作，為此類的表達類型，也是《韓非子》書中的主要部分，所佔的篇章甚多，例如：〈孤憤〉、〈顯學〉、〈五蠹〉、〈八說〉、〈六反〉、〈詭使〉、〈亡徵〉、〈南面〉、〈八經〉、〈二柄〉、〈八姦〉、〈備內〉、〈姦劫弒臣〉、〈說難〉、〈和氏〉、〈十過〉、〈主道〉、〈揚權〉、〈觀行〉、〈人主〉、〈用人〉、〈守道〉、〈三守〉、〈功名〉、〈安危〉、

---

1 陳麗珠：《韓非子儲說研究》，頁 11-13，1994 年，師大國研所碩士論文。

〈心度〉、〈飭令〉、〈制分〉，以及上書韓王或秦王之書牘，如：〈飾邪〉、〈有度〉、〈難言〉、〈忠孝〉、〈愛臣〉、〈存韓〉。此類文章重在抒發其政治思想，說明法、術、勢的理論。

（二）辯難體

這種體裁包括〈難一〉、〈難二〉、〈難三〉、〈難四〉、〈難勢〉等五篇，皆為論難古事、古言之作。辯難體是韓非的創例。〈難篇〉共有二十八個短篇，每篇各自獨立，先援引古事，再加論駁。其論駁之立場不是以史家的嚴肅態度對歷史人物作客觀的分析評價，而是以法家的立場借題發揮，批駁別人時，藉機闡揚自己的政治主張。這種帶有主觀批判性質的史評，作者真正的用意是在闡揚法家為政治國的理念。其論事析理，極見思慮之精密，而文辭強勁有力，流暢通達，篇幅短小，遂為後世作家所喜愛。

（三）問答體

此類的文章，是先自設問題，而後加以回答。如〈定法〉、〈問辯〉、〈問田〉諸篇即屬此類。其體例首先提「問者曰」，而後再接以「應之曰」或「對曰」的回答；或假二人互相對答，於一對一答之中，來闡明作者的思想。

（四）經說體

此體類似史學上的經傳體，包括〈內儲說上〉、〈內儲說下〉、〈外儲說左上〉、〈外儲說左下〉、〈外儲說右上〉、〈外儲說右下〉等六篇。其寫作方法分為前後兩部分，前者為「經」，後者為「說」，故名之為「經說體」。「經」者先總挈大綱，以簡短數語立論，繼以數個單句代表數個歷史故事做為立論的憑證，虛實相證，敘議兼用。而「說」是將「經」中的歷史故事逐一詳述清楚，以補「經」中該故事以單句代表之不足。「經」文需藉「說」文闡明主旨；「說」文需賴「經」文點明主題。前「經」後「說」相互契合，脈絡相繫，亦是

論說之佳品。

（五）故事體

〈說林〉上、下即為此類。〈說林〉二篇彙集古代民間傳說及歷史故事，司馬貞《史記索隱》云：「說林者，廣說諸事，其多若林，故曰說林也。」所以〈說林〉二篇就好比今日所說的「故事選集」，其各則故事，彼此並不相關連。梁啓超以為〈說林〉乃「似是預備作〈內外儲說〉之資料」。陳奇猷認為：「此蓋韓非搜集之史料，備著書及游說之用。」陳啓天的看法是：「〈說林〉之言，近於《戰國策》，蓋韓子之讀書雜錄也。」綜合觀之，〈說林〉二篇非徒為內外儲說之資料而已，即其它論文，韓非亦習用寓言與故事，既可借故事以明示義理，亦可使文章生動多趣。此上下兩篇故事之總集，乃韓非讀書及見聞之雜錄。

（六）注解體

此類為全篇注解他書之作，如〈解老〉、〈喻老〉二篇，〈解老〉是以義解釋老子道德經，所釋之文，雖不盡依《老子》原文之次第，亦未盡取《老子》全文而釋之，然其所釋者，多合於《老子》之旨。而〈喻老〉則是以事取喻解釋《老子》之言，其主旨在以事例說明老子微妙之旨，然所釋之文，多出於節取，亦未盡依《老子》原文次第。二篇解說方法，每則皆先說道理，然後再將所解說的《老子》之言加「故曰」綴之於後。唯〈解老〉有些片段，於疏解之餘，加入法家的意念與詞語；〈喻老〉則出入道、法，左右逢源，反應兩家思想的會通，十分透徹玲瓏。

下面我們進一步討論韓非徵引歷史之方式。

《韓非子》各篇之中的史事眾多，但徵引方式各有不同，約可粗分為：一、隻字片語；二、概括史事；三、連類排比；四、整段援引；五、徵史詰難；六、先簡後繁。第六種方式即前文（四）經說體，「先

簡」是概括史事成一句,「後繁」是整段援引史事說明法家思想。以下分別說明:

第一節　隻字片語（用典方式）

韓非的著作,有深刻的哲思,也有巧妙的文學技巧。其引用史事的方法,或簡或繁,各有其章法的巧妙佈局並兼顧了行文的流暢性。其徵史的最簡要方式是以隻字片語帶過。由於韓非熟諳歷史,於闡發思想之際,筆隨意到,隨手撚來就是一則歷史,即使只是隻字片語或用典方式,都有韓非豐富的歷史知識作基礎。如:

> 1.今人主處制人之勢,有一國之厚,重賞嚴誅得操其柄,以修明術之所燭,雖有田常、子罕之臣,不敢欺也,焉待於不欺之士。〈五蠹〉

此處的「田常」、「子罕」,是《韓非子》書中常出現的典故之一。其呈現方式是隻字片語,不帶任何說明,我們可參見〈二柄〉:「今君人者……田常徒用德,而簡公弒;子罕徒用刑,而宋君劫」。於此我們知道這兩則史事的梗概原委。〈二柄〉篇對田常、子罕奪權的手腕,作了頗詳細的交待,它說:從前齊國的大臣田常,在上面向君主請求爵祿以獎賞給官吏,在下面大斗貸出,小斗收入,以施惠於百姓,這是齊簡公放棄了獎賞的權柄,而給田常應用,所以簡公就被殺死。宋國的大臣子罕告訴宋君說:「獎賞是人民所喜歡的,請君主自己去施行;殺戮刑罰,是人民所憎恨的,由我來擔當。」因此宋國的君主放棄了刑罰的權柄,而給子罕應用,所以宋國的君主就被劫持。

〈五蠹〉篇則提醒國君要善掌賞罰二柄、抱法處勢、以術御下,就不怕被田常、子罕這類篡位奪權的臣子所矇騙了。

> 2.夫姦、必知則備,必誅則止;不知則肆,不誅則行。夫陳輕

　　　貨於幽隱，雖曾、史可疑也；懸百金於市，雖大盜不取也。

　　　不知，則曾、史可疑於幽隱；必知，則大盜不取懸金於市。

　　　〈六反〉

此處所提「曾、史」雖是隻字，但察於古籍，可知曾參、史鰌爲有道德修養與正直的人。曾參爲春秋時魯國人，孔子弟子，貫通孔子講授的道理，傳授子思，子思傳授孟子，後世稱爲宗聖。〈外儲說左上〉收錄一則「曾子殺豬」以取信於其子的故事，可知曾子重信、重道德修養。史鰌，春秋時衛國的大夫，字子魚，又稱史魚。衛靈公不用遽伯玉而任彌子瑕，史鰌屢次勸諫不聽，死後不成禮，把屍體停放在窗下，以諫靈公。孔子聽到這件事，稱贊說：「直哉史魚！」

　　另外，如堯、舜、桀、紂、管仲、齊桓公、孟奔、夏育、子胥、比干等人的歷史，均是《韓非子》常用的典故。

第二節　概括史事

　　韓非所徵引的史事，有時以簡要的數字、數句，就將一件史事概括地敘述出來，我們稱此方式爲「概括史事」。以下舉例說明：

　　1.君臣之相與也，非有父子之親也，而群臣之毀言，非特一妾
　　　之口也，何怪夫聖賢之戮死哉！此商君之所以車裂於秦，而
　　　吳起之所以枝解於楚者也。〈姦劫弒臣〉

《韓非子》中商君車裂、吳起枝解的敘述出現多次，〈姦劫弒臣〉是最簡要的了。〈和氏〉對於商君、吳起的變法，與被殺的原委則做了簡要的敘述與評論：從前吳起就楚國的情勢勸告楚悼王說：「大臣的權太重，分封的君太多，因而對上威脅人主，對下凌虐百姓，這是使國家貧窮、軍隊疲弱的方法。不如對封君的子孫，到第三代就把爵祿收回，降低官吏的俸給，裁減不必要的冗員，拿撙節下來的財物，供

養精選的兵士。」悼王照他的意見實行到一週年逝世，吳起便被楚人枝解。商鞅勸告秦孝公把人民編成五家十家的組織，制定告姦和連坐的懲罰，焚毀古代的典籍，厲行新頒的法令，阻塞權貴的請託，進用對國家有貢獻的人才，禁絕奔走求官的游士，表揚努力耕戰的人民。秦孝公照他的新法實行，君主因而崇高安定，國家因而富足強盛。過了八年，孝公逝世，商鞅便被秦人車裂。楚國不用吳起的意見就削弱衰亂，秦國用商鞅的新法就富足強盛。他們兩位的言談都很適當，可是吳起被支解，商鞅被車裂，下場終究悲慘。

　　2.孔子曰：「以容取人乎？失之子羽；以言取人乎？失之宰予。」
　　　故以仲尼之智，而有失實之聲。……是以魏任孟卯之辯，而
　　　有華下之患；趙任馬服之辯，而有長平之禍。此二者，任辯
　　　之失也。〈顯學〉

　　「魏任孟卯之辯」二句概括的史事爲：孟卯，一作芒卯，以詐辯爲魏相，周赧王四十二年，率領軍隊攻打韓國的華陽；秦國援救韓國，擊敗魏軍，斬首十五萬。「趙任馬服之辯」二句概括如下史事：馬服即趙括，爲戰國時趙將趙奢的兒子，從小學習兵法，談論兵事，趙奢不能取勝。周赧王五十五年，代替廉頗爲將，率兵和秦國作戰，大敗。秦國把趙國的降卒四十多萬活埋在長平。

　　3.昔禹決江濬河，而民聚瓦石。子產開畝樹桑，鄭人謗訾。禹
　　　利天下，子產存鄭，皆以受謗，夫民智之不足用亦明矣。故
　　　舉士而求賢智，爲政而期適民，皆亂之端，未可與爲治也。
　　　〈顯學〉

大禹治水，造福百姓的歷史，廣爲人知。《呂氏春秋・樂成》亦載：「禹之決江水者，民聚瓦礫。及其事已成，功已立，爲萬世利。禹之所見者遠也，而民莫之知。」子產，爲春秋時鄭國的執政大臣，時晉楚爭霸，鄭國處於兩強當中，子產內修庶政，外折強國，鄭國賴以存

全。《左傳》襄公三十年記載：「子產使都鄙有章，上下有服，田有封洫，廬井有伍，……從政一年，輿人誦之曰：『取我衣冠而褚（藏）之，取我田疇而伍之，孰殺子產，吾其與之。』」以上史事，韓非就以「禹利天下，子產存鄭，皆以受謗」加以概括。

> 4.人主無法術以御其臣，雖長年而美材，大臣猶將得勢擅事主斷，而各為其私急。……近之所見：李兌之用趙，餓主父百日而死；卓齒之用齊也，擢湣王之筋，懸之廟梁，宿昔而死。〈姦劫弒臣〉

「李兌之用趙」兩句概括的史事是：李兌，戰國時趙國的大臣。趙武靈王傳位給少子何，而自稱為主父，封長子章為安陽君。不久，章起兵作亂，公子成和李兌把他打敗。章逃往沙丘宮，想找主父庇護。公子成和李兌率兵圍沙丘宮，殺公子章，主父欲出不得，餓死在沙丘宮裡。「卓齒之用齊」四句概括以下史事：湣王，為戰國時齊國的君主，兵力強盛，想併吞周室做天子。燕將樂毅率領燕、秦、三晉諸國的軍隊攻打齊國；齊國大敗，湣王逃到莒城。楚國派卓齒帶兵援救齊國，湣王用以為相，後來竟被卓齒以殘忍的方式劫殺。

第三節　連類排比

韓非為文善用駢偶，〈說難〉、〈孤憤〉二篇全用駢偶，其他各篇，亦駢散相兼，深見功力。其舉史例時，不管是極簡的用典方式，或濃縮的概括筆法，往往用駢偶、排比的形式呈現，行文整齊優美、音節和諧，說理明確，使人讀之淋漓暢快，品味了文章的美感，亦更易明瞭哲人的思想精髓。

關於「排比」，黃永武先生說：「連綴若干句型相等，而句意不

等之文句，強調同一範圍的事象，叫做排比。」[2] 使用排比，形成簡要的類比推論，先秦諸子如墨子、荀子使用已多，韓非運用更顯成熟，這和他重條理、喜歸納有密切關係。其排比形式，亦多變化，從兩組單句，一句四個字、五個字、六個字、七個字、八個字、九個字、十二個字，擴充到兩組二句、三句以上都有，甚至是多組並列，精密而條理井然。以下試舉幾例：

一、兩組單句

1.四字句：子產忠諫，子國譙怒。〈外儲說左下〉
2.五字句：孫吳之略廢，盜跖之心伏。〈守道〉
3.六字句：桓公以管仲合，文公以舅犯霸。〈難二〉
4.七字句：吳起須故人而食，文侯會虞人而獵。〈外儲說左上〉
5.八字句：桓公藏蔡怒而攻楚，吳起懷戰實而吮傷。〈外儲說左上〉
6.九字句：崇侯惡來知心而不知事，比干子胥知事而不知心。〈說林下〉

二、兩組兩句

1.桓公能用管仲之功，而忘射鈎之怨；
　文公能聽寺人之言，而棄斬袪之罪。〈難三〉

三、兩組三句以上

1.未有天下，而無以天下為者，許由是也；
　已有天下，而無以天下為者，堯舜是也。〈忠孝〉

---

2 黃永武：《字句鍛鍊法》，頁 107，1986 年，洪範書局，台北。

四、多組並列：

〈儲說〉六篇「經」的部份，多是此種形式，又如〈說疑〉、〈難言〉等篇皆如此。茲舉例如下：

1. 〈說疑〉一篇用典非常多，且為規則的排比列舉。

第二段：失度、孤男、成駒、侈佟、崇侯虎、優施——亡國之臣。

第三段：許由、續牙、伯陽、顛頡、僑如、狐不稽、重明、董不識、卞隨、務光、伯夷、叔齊——不令之民。

第四段：關龍逢、比干、李梁、泄冶、申胥、子胥——無用之臣。

第五段：田恆、子罕、李孫意如、僑如、子南勁、太宰欣、白公、單荼、子之——朋黨比周之臣。

第六段：后稷、皋陶、伊尹、周公旦、太公望、管仲、隰朋、百里奚、蹇叔、舅犯、趙衰、范蠡、大夫種、逢同、華登——霸王之佐。

第七段：骨伯、公孫申、公孫寧、儀行父、芊尹、申亥、少師、種干、王孫頟、陽成泄、豎刁、易牙——諂諛之臣。

2. 翼侯炙，鬼侯腊，比干剖心，梅伯醢，夷吾束縛。而曹羈奔陳，伯里子道乞，傅說轉鬻，孫子臏腳於魏。吳起抆泣於岸門，痛西河之為秦，卒枝解於楚。公叔痤言國器反為悖，公孫鞅奔秦。關龍逢斬，萇宏分胣，尹子穽於棘，司馬子期死而浮於江，田明辜射。宓子賤、西門豹不鬥而死人手，董安于死而陳於市，宰予不免於田常，范雎折脅於魏——此十數人者，皆世之仁賢忠良有道術之士也，不幸而遇悖亂闇惑之主而死，然則雖賢不能逃死亡、避戮辱者，何也？則愚者難說也，故君子難言也。〈難言〉

第四節　整段援引

　　《韓非子》有些篇章大量引用篇幅或長或短的完整史事，或韓非由傳說異聞整理加工的歷史敘述，我們稱之為「整段援引」。此類徵引方式，多見於〈儲說〉六篇，〈說林上、下〉，〈十過〉、〈喻老〉等篇。整段援引，一是儲備歷史資料，以醞釀新思維；一是韓非用來闡明其理論思想的論據。這在下面章節〈徵引歷史之用意〉，及〈韓非哲學與歷史之關係〉，將有進一步的分析。以下只就「整段援引」方式，試舉幾個例子：

1. 荊王所愛妾有鄭袖者，荊王新得美女，鄭袖因教之曰：「王甚喜人之掩口也，為近王，必掩口。」美女入見，近王，因掩口。王問其故，鄭袖曰：「此固言惡王之臭。」及王與鄭袖、美女三人坐，袖因先誡御者曰：「王適有言，必亟聽從王言。」美女前，近王甚，數掩口。王悖然怒曰：「劓之。」御者因揄刀而劓美人鼻。〈內儲說下〉（亦見《戰國策・楚策四》「魏王遺楚王美人」章）

2. 智伯索地於魏宣子，魏宣子弗予。任章曰：「何故不予？」宣子曰：「無故請地，故弗予。」任章曰：「無故索地，鄰國必恐。彼重欲無厭，天下必懼。君予之地，智伯必驕而輕敵，鄰邦必懼而相親。以相親之兵，待輕敵之國，則智伯之命不長矣。周書曰：『將欲敗之，必姑輔之；將欲取之，必姑予之。』君不如予之，以驕智伯。且君何釋以天下圖智氏，而獨以吾國為智氏質乎？」君曰：「善。」乃與之萬戶之邑，智伯大悅。因索地於趙，弗與；因圍晉陽，韓魏反之外，趙氏應之內，智氏自亡。〈說林上〉（亦見《戰國策・趙策一》「智伯帥趙魏而伐范、中行氏」章）

關於智伯更詳細的事蹟，可參見《韓非子・十過》「貪愎」一節。

3.昔者、晉公子重耳出亡，過於曹，曹君袒裼而觀之。釐負羈與叔瞻侍於前，叔瞻謂曹君曰：「臣觀晉公子非常人也，君遇之無禮，彼若有時反國而起兵，即恐為曹傷。君不如殺之。」曹君弗聽。釐負羈歸而不樂，其妻問之曰：「公從外來，而有不樂之色，何也？」負羈曰：「吾聞之，有福不及，禍來連我。今日吾君召晉公子。其遇之無禮。我與在前，吾以是不樂。」其妻曰：「吾觀晉公子萬乘之主也，其左右從者，萬乘之相也。今窮而出亡，過於曹，曹遇之無禮，此若反國，必誅無禮，則曹其首也。子奚不先自貳焉？」負羈曰：「諾。」乃盛黃金於壺，充之於餐，加璧其上，夜令人遺公子。公子見使者，再拜，受其餐，而辭其璧。公子自曹入楚，自楚入秦。入秦三年，秦穆公召群臣而謀曰：「昔者晉獻公與寡人交，諸侯莫弗聞。獻公不幸離群臣，出入十年矣，其嗣子不善，吾恐此將令其宗廟不被除，而社稷不血食也。如是弗定，則非與人交之道，吾欲輔重耳入之於晉，何如？」群臣皆曰：「善。」公因起卒，革車五百乘，疇騎二千，步卒五萬，輔重耳入之於晉，立為晉君。重耳即位三年，舉兵而伐曹矣，因令人告曹君曰：「懸叔瞻而出之，我且殺而以為大戮。」又令人告釐負羈曰：「軍旅薄城，吾知子不違也，其表子之閭。吾即以為令，令軍勿敢犯。」曹人聞之，率其親戚而保釐負羈之閭者七百餘家，此禮之所用也。〈十過〉（亦見《左傳》僖公二十四、二十五年）

4.扁鵲見蔡桓公，立有間。扁鵲曰：「君有疾在腠理，不治將恐深。」桓侯曰：「寡人無疾。」扁鵲出，桓侯曰：「醫之好治不病以為功。」居十日，扁鵲復見曰：「君之病在肌膚，

不治將益深。」桓侯不應。扁鵲出,桓公又不悅。居十日,
扁鵲復見曰:「君之病在腸胃,不治將益深。」桓侯不應。
扁鵲出,桓侯又不悅。居十日,扁鵲望桓侯而還走,桓侯故
使人問之。扁鵲曰:「疾在腠理,湯熨之所及也;在肌膚,
鍼石之所及也;在腸胃,火齊之所及也;在骨髓,司命之所
屬,無奈何也!今在骨髓,臣是以無請也。」居五日,桓侯
體痛,使人索扁鵲,已逃秦矣。桓侯遂死。〈喻老〉

第五節　徵史詰難

　　戰國之時,百家爭鳴,各家立場不同,相互抗衡,各持己見以干
人主。如《荀子·非十二子》、《莊子·天下》乃評論、批判先秦諸
子之文。《莊子》所持以為論據者,是以他所說的「道」為首要;《荀
子》所持論者,是以他所說的「禮」為標準。有不合乎其「道」、「禮」
者,皆給予批評。《莊子》、《荀子》那兩篇文章是難體的雛型作品。

　　難:辯難也,為一種文體。歸有光曾說:「凡作論辨文字,須設
為問難,而以己意分解,如此,非惟說理明透,而文字亦覺精神。」
[3] 戰國縱橫游說之士,主合縱者,以合縱為是而斥連橫;主連橫者,
以連橫為是而斥合縱。縱橫辯論,各具看法,文章之辯難,蓋源出於
此。

　　《韓非子》〈難一〉、〈難二〉、〈難三〉、〈難四〉,是篇次
的標記,「難」之名,是韓非所提出,「難體」成為一種文體,乃由
韓非開端。《史記索隱》云:「難者,說前人行事與己不同而詰難之
也。凡是非未盡,假往來之辭,故曰難也。」迃評本注云:「凡九章,
皆借古人以發己意,要歸於形名也。篇內皆以或曰字起斷案。」張素

─────────────
3 歸有光:《作文指南》,頁18,1985年,廣文書局,台北。

貞教授說：「難篇是援引古事，以闡發法家思想，採辯難體裁寫成的議論性學術論著。」[4]這話爲〈難〉篇作了很好的解題。

韓非徵引一段歷史，然後批判、評論的方式，後世依其題目，稱之爲難體」。韓非之〈難〉及〈難勢〉五篇，成了難體之開端。以下我們舉例說明，將更清楚：

1. 景公過晏子曰：「子宮小、近市，請移子家豫章之圃。」晏子再拜而辭曰：「且嬰家貧，待市食而朝暮趨之，不可以遠。」景公笑曰：「子家習市，識貴賤乎？」是時景公繁於刑，晏子對曰：「踊貴而屨賤。」景公曰：「何故？」對曰：「刑多也。」景公造然變色，曰：「寡人其暴乎！」於是損刑五。或曰：晏子之貴踊，非其誠也，欲便辭以止多刑也，此不察治之患也。夫刑當無多，不當無少，無以不當聞，而以太多說，無術之患也。敗軍之誅，以千萬數，猶北且不止。即治亂之刑，如恐不勝，而姦尚不盡。今晏子不察其當否，而以太多爲說，不亦妄乎！夫惜草茅者耗禾穗，惠盜賊者傷良民。今緩刑罰，行寬惠，是利姦邪而害善人也，此非所以爲治也。〈難二〉

此「踊貴屨賤」的故事部份，亦見於《左傳》昭公三年。景公與晏子這一段小故事中，晏子點明踊貴屨賤的現象，原因在「刑多」，促使景公反省因而減省刑罰。批判部份（以「或曰」開端），韓非對此提出批評，他認爲「刑當無多，不當無少」，斷案判刑，要就事論事，才符合法家客觀、公平、正義的原則。張素貞教授的看法「國君檢討行政，優先考慮的是：用刑是否允當，而不是：用刑是否過多？被刑的人過多，極有可能是用刑不當所致，該由根本立法、量刑、用

---

4 張素貞：《韓非子難篇研究》，頁275、276，臺灣學生書局，台北。

刑等等做全面檢討，對實際犯罪狀況深入了解，而不是鄉愿式的虛飾，緩刑減刑以求表面數據看來悅目。這樣來理解韓非子，自有一番深意。不過，『刑當無多，不當無少』，言外頗有專意行刑，不顧百姓死活的冷峻心態，如果在『量刑』上有所偏失，也不知全盤檢討，流弊可大了。」[5] 韓非的批評，輔以張素貞教授的補充，或為此故事更完整的綜合評論。

2. 趙簡子圍衛之郛郭，犀盾犀櫓，立於矢石之所不及，鼓之而士不起。簡子投枹曰：「烏乎，吾之士數弊也！」行人燭過免冑而對曰：「臣聞之，亦有君之不能耳，士無弊者。昔者吾先君獻公并國十七，服國三十八，戰十有二勝，是民之用也。獻公沒，惠公即位，淫衍暴亂，身好玉女，秦人來侵，去絳十七里，亦是人之用也。惠公沒，文公受之，圍衛取鄴，城濮之戰，五敗荊人，取尊名於天下，亦此人之用也。亦有君不能耳，士無弊也。」簡子乃去盾櫓，立矢石之所及，鼓之而士乘之，戰大勝。簡子曰：「與吾得革車千乘，不如聞行人燭過之一言也。」

或曰：行人未有以說也，乃道惠公以此人是敗，文公以此人是霸，未見所以用人也；簡子未可以速去盾櫓也。嚴親在圍，輕犯矢石，孝子之所愛親也；孝子愛親，百數之一也。今以為身處危而人尚可戰，是以百族之子於上，皆若孝子之愛親也，是行人之誣也。好利惡害，夫人之所有也。賞厚而信，人輕敵矣；刑重而必，人不北矣。長行徇上，數百不一人；喜利畏罪，人莫不然。將眾者不出乎莫不然之數，而道乎百無一人之行，行人未知用眾之道也。〈難二〉

5 張素貞：《韓非子難篇研究》，頁 72，1987 年，臺灣學生書局，台北。

　　此故事部份，是有關趙簡子的一段軼事。趙簡子指揮軍隊攻衛，自己防備甚周，遠離矢石，軍隊的士氣一直鼓舞不起，直到聽了燭過之言後，趙簡子丟棄了盾櫓，與軍隊站在同一陣線，因而軍隊士氣大振，打了勝仗。評論部份，韓非認為「將帥沒有理由冒不必要的危險」，此乃不智之舉。因而進一步提出可行的方法：「不恃人之為吾善也，而用其不得為非。恃人之為吾善也，境內不什數。用人不得為非，一國可使齊。為治者用眾而舍寡，故不務德而務法」。可見韓非的建議，大體不離人性好利惡害的心理，而重信賞必罰、厚賞重罰，希望軍隊勇於殺敵而不怯，使國家兵強力盛，永遠屹立。韓非理性的剖析和建議，具客觀性而值得參考。

第六節　先簡後繁

　　經說體起源甚早，《春秋》是經，《左傳》、《公羊傳》、《穀梁傳》為說，是用來解經的，不過它們本來各自獨立，分別成書，還不能成為一種文體。《易經》和易傳的關係也是一樣。

　　《墨子》一書有〈墨經〉，亦稱〈墨辯〉，有經、有說，後者解說前者，為名學之要籍。《韓非子》〈儲說〉先經後說的引史方式，乃源自《墨經》。

　　〈內儲說上〉、〈內儲說下〉、〈外儲說左上〉、〈外儲說左下〉、〈外儲說右上〉、〈外儲說右下〉六篇的內容包括〈經〉和〈說〉兩部分：一、「經」的部分首先概括地指出所要說的事理，然後用「其說在某事、某事」的簡單詞句，約舉歷史故事以為證。二、「說」的部分把經文中所約舉的歷史故事逐一詳明地敘說，有時還用「一曰」作補充敘述，或保存不同的異說。茲舉例如下：

　　〈內儲說上〉經六：挾知──挾知而問，則不知者至；深知一物，

眾隱皆變。其說在昭侯之握一爪也。故必審南門而三鄉得，周主索曲杖而群臣懼，卜皮使庶子，西門豹佯遺轊。

〈內儲說上〉說六部分，對上文經六：挾知——「挾知而問」所約舉的事例做詳細的敘述。

1. 韓昭侯握爪，而佯亡一爪，求之甚急，左右因割其爪而效之。昭侯以此察左右之不誠。

2. 韓昭侯使騎於縣，使者報，昭侯問曰：「何見也？」對曰：「無所見也。」昭侯曰：「雖然，何見？」曰：「南門之外，有黃犢食苗道左者。」昭侯謂使者：「毋敢洩吾所問於女。」乃下令曰：「當苗時，禁牛馬入人田中，固有令，而吏不以為事，牛馬甚多入人田中，亟舉其數上之，不得，將重其罪。」於是三鄉舉而上之。昭侯曰：「未盡也。」復往審之，乃得南門之外黃犢。吏以昭侯為明察，皆悚懼其所，而不敢為非。

3. 周主下令索曲杖，吏求之數日不能得；周主私使人求之，不移日而得之。乃謂吏曰：「吾知吏不事事也。曲杖甚易得也，而吏不能得，我令人求之，不移日而得之，豈可謂忠哉！」吏乃皆悚懼其所，而以君為神明。

4. 卜皮為縣令，其御史汙穢而有愛妾，卜皮乃使少庶子佯愛之，以知御史陰情。

5. 西門豹為鄴令，佯亡其車轊，令吏求之不能得，使人求之，而得之家人屋間。

〈內儲說上〉經七：倒言——倒言反事，以嘗所疑，則姦情得。故陽山謾樛豎；淖齒為秦使；齊人欲為亂；子之以白馬；子產離訟者；嗣公過關市。

〈內儲說上〉說七部分，有 6 個事例：

1. 陽山君相衛，聞王之疑己也，乃偽謗樛豎以知之。

2.淖齒聞齊王之惡己也，乃矯為秦使以知之。

3.齊人有欲為亂者，恐王知之，因詐逐所愛者，令走王知之。

4.子之相燕，坐而佯言曰：「走出門者何？白馬也！」左右皆
言不見，有一人走追之，報曰：「有。」子之以此知左右之
不誠信。

5.有相與訟者，子產離之，而無使得通辭，倒其言以告而知之。

6.衛嗣公使人為客過關市，官吏苛難之，因事關吏以金，關吏
乃舍之。嗣公謂關吏曰：「某時有客過而所，與汝金，而汝
因遣之。」關吏乃大恐，而以嗣公為明察。

　　由以上《韓非子・儲說上》「經」六、「說」六；「經」七、「說」
七的例子，我們對韓非「先經後說（先簡後繁）」的引史方式已有基
本的了解。

第二章　韓非子徵引歷史之用意

第一節　吸取歷史教訓作爲殷鑑

　　《韓非子》書中徵引許多古書、古史、古事，也記載了相當多的歷史人物與歷史事件，廣泛地反映出當時社會、政治、經濟等各種面貌。書中的史料價值很高，顯現作者是位有強烈歷史意識的思想家。

　　謝雲飛先生《韓非子析論》云：「韓非作文，善以故事、寓言以襯托事理，故其全書之歷史掌故特多。其所舉歷史故事，故不可悉作正史觀，然亦略可補正史之所無也。時序變遷，朝代更易，年代曠遠，古事之可考者，已甚寡少，讀韓非子而可獲知他書所未知之歷史掌故，則亦讀此書之一大收穫也。」[1]

　　《韓非子》收錄那麼多的歷史掌故，尤其是〈說林〉、〈內外儲說〉，目的之一無非是以史事爲殷鑑，告誡君王。《史記‧老莊申韓列傳》載韓非「觀往者得失之變」，即由其所收錄的歷史資料，歸納出一些歷史法則，作爲君主治理國家的借鏡。由《韓非子》一書考察，許多篇章都有精彩的歷史戒鑑，以下我們擇要說明之。

一、〈亡徵〉

　　〈亡徵〉臚列四十七種國家可能滅亡的徵象，可細分爲 73 個小項。這是韓非「全面性地總結許多國家興敗存亡原因」的一篇作品。鄭良樹先生認爲：「〈亡徵〉在總論各種亡國徵兆時，不但涵蓋面

---

1 謝雲飛：《韓非子析論》，頁 26，1980 年，東大圖書有限公司，台北。

非常廣，有意含容所有篇章的論點，而且是一篇相當有系統、有策畫的論文。本篇提出七十三種亡國徵兆，不但可以在本書各篇找到例證，而且，這七十多種亡國徵兆的論點也幾乎包容了其他各篇的論點，甚至於比其他各篇來得周密和深入。」[2] 在此我們將鄭良樹先生的統計結果，引述於下：

1. (1) 大權旁落。
2. (2) 輕視法禁、(3) 恃交援。
3. (4) 修文學習言談、(5) 商賈外囤。
4. (6) 縱聲色、(7) 暴用民力、(8) 浪費國家資源。
5. (9) 迷信神巫。
6. (10) 獨聽、不參驗。
7. (11) 賣官鬻爵。
8. (12) 君主優柔寡斷。
9. (13) 饕貪好利。
10. (14) 好辯說濫文麗、(15) 不用法。
11. (16) 漏泄機密。
12. (17) 剛愎自用、(18) 自信過強。
13. (19) 恃大國欺近鄰。
14. (20) 外民偵機密、(21) 干國政。
15. (22) 過份信賴卿相。
16. (23) 用外客以陵故常、(24) 用人但聞聲名，不求實功。
17. (25) 輕太子，重庶子。
18. (26) 自驕不納諫、(27) 不明己力而輕鄰敵。
19. (28) 不處卑、不畏強 (29) 無禮大鄰 (30) 拙外交 (31) 貪

---

2 引文及統計數目，見鄭良樹：《韓非之著述及思想》，頁 145-152，民國 82 年 7 月初版，台灣學生書局，台北。

復無禮。

20.（32）太子已置，娶強敵爲後妻。

21.（33）優柔寡斷。

22.（34）出君在外，國內更置、（35）質太子未反而易子。

23.（36）無禮大臣、（37）錯戮小民（38）親近挫辱形戮之人。

24.（39）大臣太重、（40）父兄太強。

　（41）內黨假借外國勢力，以爭國內利益。

25.（42）玩物喪志、（43）聽婢妾之言。

26.（44）無禮大臣父兄、（45）勞苦百姓，殺戮不辜。

27.（46）屢變法令。

28.（47）無守戰之備而輕攻伐。

29.（48）經常易主，嬰兒爲君山、（49）大臣專制。

　（50）大臣黨外人割土待交。

30.（51）太子集黨，與大國交，形成強勢。

31.（52）心急妄動。

32.（53）多怒，不教民而好戰。

33.（54）貴臣相妬，外交內鬥。

34.（55）君不肖而側室賢（56）太子輕而庶子亢（57）官吏弱而人民桀。

35.（58）藏怒而弗發，懸罪而弗誅。

36.（59）將軍太重，邊官太尊。

37.（60）後宮淫亂。

38.（61）後妻賤而婢妾貴（62）太子卑而庶子尊（63）相室輕而典謁重。

39.（64）大臣太重且聚黨、壅塞主斷。

40.（65）私門之官用、（66）貴私行而輕公功。

41.（67）貧富不公平。

42.（68）好以仁義自飾。

43.（69）女子及宦官用事。

44.（70）不依法術行事。

45.（71）不肖者用事，無功者貴。

46.（72）父兄大臣僭越。

47.（73）公子公孫無禮百姓。

為了醒目，以上七十三種亡徵可歸納為七大類如下：

一、法令（2）、（15）、（46）、（70）

二、國君

　　（一）國君性格

　　　　　1.貪利（13）、（31）

　　　　　2.優柔寡斷（12）、（33）、（58）

　　　　　3.剛狠驕妄（10）、（17）、（18）、（26）、（27）、（28）

　　　　　4.心急妄動（52）

　　（二）國君私生活

　　　　　1.後宮淫亂（9）、（43）、（60）

　　　　　2.縱聲色（6）、（42）

　　（三）國君處理政務

　　　　　1.無禮臣屬（31）、（36）、（44）、（73）

　　　　　2.無禮鄰國（19）、（27）、（29）、（30）

　　　　　3.泄漏機密、浪費資源（8）、（16）

三、內廷

　　（一）內廷及嫡庶處置不當（25）、（32）、（35）、（51）、（55）、（56）、（61）、（62）

（二）父兄太強（40）、（72）

四、大臣

（一）信寵太專（22）、（39）

（二）大臣專制（1）、（49）、（50）、（59）、（64）、
　　　（72）

（三）恃外力（3）、（23）、（41）、（54）

（四）用私（24）、（65）、(66)

（五）用人不當（20）、（21）、（63）、（69）、（71）

（六）賣官鬻爵（11）

五、游談商賈

（一）修文學、習言談（4）、（14）、（68）

（二）商賈亂國（5）

六、人民

（一）暴用民力（7）、（45）

（二）好戰（47）、（53）

（三）暴辱人民（37）、（38）

（四）人民驚桀（57）

七、其他

（一）貧富不均（67）

（二）更置新君（34）

（三）君爲嬰兒（48）

二、〈十過〉

　　〈十過〉共舉出十種危身亡國的過失。本篇在收錄故事時，往往
長篇累牘地整段援引，非常精彩。在此我們以濃縮的形式簡要條列
於下：

1.小忠——司馬子反酒酣而斬。

2.小利——晉獻公假道於虞以伐虢。

3.行僻——楚靈王無禮徐君。

4.好音——衛靈公好五音。

5.貪愎——知伯索地。

6.女樂——戎王耽女樂。

7.離內遠遊——田成子遊於海。

8.不聽忠臣——管仲諫齊桓公。

9.內不量力——秦攻宜陽。

10.國小無禮——重耳不傷鼇負羈。

三、〈儲說〉

儲，是蓄積以待用。說，說明，拿事例說明治術。儲說，就是蓄積各種事例，說明治術，以備人主採用。〈內儲說〉、〈外儲說〉等六篇共儲備 275 則歷史故事以徵明政事，一則則均是珍貴的歷史教訓。

四、〈說林〉

〈說林〉上篇有 34 則故事，下篇有 35 則故事，共 69 則。這些故事取材的範圍相當廣泛，韓非摘錄這些故事，賦予些許自己主觀思想，每則故事都有其獨特的涵意，透露出作者的政治主張。此 69則故事，每一故事為一節，各有其意義，使讀者們讀之，均能受作者的啟迪，得到歷史教訓，對政治事務有一番新的看法。

五、〈難〉

〈難〉四篇共 28 則，是一篇篇的史評兼政評。內有豐富的歷史故事與韓非的主觀評論。於辯難中，提供讀者更多面的歷史省思。

六、〈難言〉

周勳初說：「 〈難言〉是一篇上韓王書，文中希望愚暗的君主能夠豁除進言的障礙，從歷史上忠國之士慘遭禍害的悲劇中吸取教訓。」[3] 韓非帶著憤悶的心情，寫下 21 位仁賢、忠良有道術的愛國之士，卻「遇悖亂、闇惑之主而死」的故事。在在都是血淚的歷史借鏡。

七、〈說疑〉

〈說疑〉具體列出 86 位古今歷史人物，歸類為亡國之臣、不令之民、無用之臣、朋黨比周之臣、霸王之佐、諂諛之臣等，以臧否善惡、忠奸。

八、〈姦劫弑臣〉

〈姦劫弑臣〉載錄許多君主被劫殺的故事，吸取了古往今來的歷史經驗，勸諫君主不可無術而盲目地信賴人臣，以免遭身弑國亡之恥。

一一檢視《韓非子》，可知韓非是熟讀史書，嫻知史事的，而且於鈔撮群集、陶鑄化裁之際，還能表現出韓非具有深刻的洞察力與歷史的反省力，其收錄的歷史材料，與其所歸納的歷史教訓和歷史智識，均足為執政治國的重要借鏡。

唐太宗曾說：「以古為鏡，可以知興替。」

梁啟超則說：「史者何？記述人類社會賡續活動之體相，校其總成績，求得其因果關係，以為現代一般人活動之資鑑者也。」[4]

英·馬丁說：「政治家必須知道歷史，以便使他們的國家不至於

---

3 周勳初：《韓非子札記》，頁 129。
4 見梁啟超：《中國歷史研究法》，頁 1，民國 53 年，台灣中華書局，台北。

重蹈以往的覆轍和未來導入正確的途徑。」[5]

總之，歷史是一面千秋之鏡，是人類踱步、失足的記錄，也是經驗的集合。在「記功司過，彰善癉惡」的目的下，歷史對人生及現實，均能產生積極而正面的勸誡作用。

所謂「前事不忘，後事之師」，歷史不時作爲一種警告，指出我們應該避免什麼，應該走向何處。韓非的苦心，我們展閱《韓非子》之時，必可深刻感受。我們願人們於其中對當代的困惑找到答案，對於未來發展，亦找到正確的方向。

第二節　韓非徵史說明其思想

《韓非子》書中的歷史故事，多當作例子來說明或證明。在知識活動上，當我們拿某一元素來當證明或說明之用時，我們把它叫做例子。[6]

這節我們將先討論「用來當說明的例子」。

用來當說明用的例子，稱爲「例示」。所謂例示，就是拿例子來說明一個觀念或一句話，亦即拿例子來使人了解某一觀念或某一語句的意義。

粗略來說，所謂說明就是拿語句 A 來弄清楚觀念 B 或語句 S 的意義。「說明」與真假觀念沒有特殊關係。「說明」只與意義與了解有關。換句話說，「說明」是從各種不同角度提出觀念來幫助我們「了解」被說明者的「意義」。而爲了幫助別人了解我們所說的話，我們常拿「具體」的例子來說明。

《韓非子》書中，當說明的歷史事例相當多，大略敘述於下：

1. 〈內儲說上〉：叔孫相魯，貴而主斷。其所愛，曰豎牛，亦擅

---

5 見英‧馬丁：《金玉文集》「歷史的功用」，頁 159，民國 54 年，經緯書局，台南。
6 參見劉福增：《邏輯思考》，頁 30-35，1994 年第三新修版，自印。

用叔孫之令。……夫聽所信之言，而子父爲人僇，此不參之患
也。

此段例示。乃引用歷史「叔孫父子聽所信之言，而子父爲人僇」，
來說明「不參之患」。

2.〈內儲說上〉：龐敬，縣令也，遣市者行，而召公大夫而還之，
　　立有間，無以詔之，卒遣行。市者以爲令與公大夫有言，不相
　　信，以示無姦。

此例示。乃引歷史故事說明「術」的重要。龐敬利用人與人猜疑的
心理弱點，略施小術，而杜絕了小吏營私舞弊。

3.〈十過〉：昔者晉獻公欲假道於虞以伐虢……故曰：顧小利，
　　則大利之殘也。

此例示。引用歷史事例，以說明「顧小利則大利之殘也」。

4.〈說難〉：鄭武公欲伐胡，故先以其女妻胡公，以娛其意。因
　　問於群臣曰：「吾欲用兵，誰可伐者？」大夫關其思對曰：「胡
　　可伐。」武公怒而戮之，曰：「胡，兄弟之國也，子言伐之，
　　何也？」胡君聞之，以鄭爲親己，遂不備鄭。鄭人襲胡取之。

此例示。以歷史事例說明「術」之運用。

5.〈外儲說左上〉：晉文公攻原，裹十日糧，遂與大夫期十日。
　　至原十日，而原不下，擊金而退，罷兵而去。士有從原中出者，
　　曰：「原三日即下矣。」群臣左右諫曰：「夫原之食絕力盡矣，
　　君姑待之。」公曰：「吾與士期十日，不去，是亡吾信也。得
　　原失信，吾不爲也。」遂罷兵而去。原人聞，曰：「有君如彼
　　其信，可無歸乎！」乃降公。

此例示。引史說明爲政必以信。

6.〈內儲說上〉：越王問於大夫種曰：「吾欲伐吳，可乎？」對
　　曰：「可矣。吾賞厚而信，嚴罰而必，君欲知之，何不試焚宮

室？……此知必勝之勢也。

此例示。引傳說說明「賞厚而信，罰嚴而必」的重要性。

7.〈喻老〉：扁鵲見蔡桓公，立有間。扁鵲曰：「君有疾在腠理，不治將恐深。」桓侯曰：「寡人無疾。」扁鵲出，桓侯曰：「醫之好治不病以為功。」居十日，扁鵲復見曰：「君之病在肌膚，不治將益深。」桓侯不應。扁鵲出，桓公又不悅。居十日，扁鵲復見曰：「君之病在腸胃，不治將益深。」桓侯不應。扁鵲出，桓侯又不悅。居十日，扁鵲望桓侯而還走，桓侯故使人問之。扁鵲曰：「疾在腠理，湯熨之所及也；在肌膚，鍼石之所及也；在腸胃，火齊之所及也；在骨髓，司命之所屬，無奈何也！今在骨髓，臣是以無請也。」居五日，桓侯體痛，使人索扁鵲，已逃秦矣。桓侯遂死。

此例示。引歷史故事說明桓公不聽專家之言，終死於非命。

8.〈外儲說左下〉：孔子相魏，弟子子皋為獄吏，刖人足，所刖者守門。人有惡孔子於衛君者，曰：「仲尼欲作亂。」衛君欲執孔子，孔子走，弟子皆逃，子皋後門，危引之而逃之門下室中，吏追不得。夜半，子皋問刖危曰：「吾不能虧主之法令，而親刖子之足，是子報仇之時也；而子何故乃肯逃我？我何以得此於子？」刖危曰：「吾斷足也，固吾罪當之，不可奈何！然方公之治臣獄也，公傾側法令，先後臣以言，欲臣之免也甚，而臣知之。及獄決罪定，公愀然不悅，形於顏色，臣見又知之。非私臣而然也，夫天性人心固然也。此臣之所以悅而德公也。」

此例示。引傳說說明執法公正，受刑人無怨。

9.〈內儲說上〉：衛嗣公之時，有胥靡逃之魏，因為襄王之后治病。衛嗣公聞之，使人以五十金買之，五反而魏王不予，乃以左氏易之。群臣左右諫曰：「夫以一都買一胥靡，可乎？」公

曰：「非子之所知也。夫治無小而亂無大。法不立而誅不必，
雖有十左氏無益也；法立而誅必，雖失十左氏，無害也。」魏
王聞之曰：「主欲治，而不聽之，不祥」。因載而往，徒獻之。
此例示。引史說明「法立而誅必的重要性」。

　　《韓非子》書中，當說明用的歷史事例不勝枚舉，最有組織架構
者，當屬〈儲說〉六篇，尤其是〈內儲說上、下〉。為對照出其事
例單獨看時是當「說明」的例子，整體看時則是嚴整的「歸納推理」，
於此我們舉與本章第三節同樣的事例以說明之。

　　〈內儲說上〉，主旨在提示人主所用的七種治術：眾端參觀、必
罰明威、信賞盡能、一聽責下、疑詔詭使、挾知而問、倒言反事。
再用事例依次說明。立論為〈經〉，舉史事說明為〈說〉，體裁似
取法墨經的〈經〉與〈說〉。以下專就「必罰明威」來舉例。「立
論為經」的部份是：

> 愛多者，則法不立；威寡者，則下侵上；是以刑罰不必，則禁
> 令不行。其說董子之行石邑；與子產之教游吉也；故仲尼說隕
> 霜；而殷法刑棄灰；將行去樂池；而公孫鞅重輕罪。是以麗水
> 之金不守；而積澤之火不救；成驩以太仁弱齊國；卜皮以慈惠
> 亡魏王。管仲知之，故斷死人，嗣公知之，故買胥靡。

　　「舉例為說」的部份是：一、8個正面例示，每個例子都用來說
明「必罰明威」的道理。二、4個反面例示，每個例子都用來說明「刑
罰不必，則禁令不行」的道理。

　　1、八個正面事例。

　　（1）董子之行石邑。

　　（2）子產之教游吉。

　　（3）仲尼說隕霜。

　　（4）殷法刑棄灰。

（5）將行去樂池。

（6）公孫鞅重輕重。

（7）管仲知之，故斷死人。

（8）嗣公知之，故買胥靡。

於此只列（1）之文，其餘可參閱《韓非子》。「董閼于爲趙地上守，行石邑山中，見深澗，峭如牆，深百仞，因問其旁鄉、左右曰：「人嘗有入此者乎？」對曰：「無有。」曰：「嬰兒、盲聾、狂悖之人，嘗有入此者乎？」對曰：「無有。」「牛馬、犬彘，嘗有入此者乎？」對曰：「無有。」董閼于喟然太息曰：「吾能治矣。使吾法之無赦，猶入澗之必死也，則人莫之敢犯也，何爲不治？」

2、四個反面事例

（1）麗水之金不守。

（2）積澤之火不救。

（3）成讙以太仁弱齊國。

（4）卜皮以慈惠亡魏王。

於此只列（1）之文，其餘可參閱《韓非子》。「荊南之地，麗水之中生金，人多竊采金。采金之禁，得而輒辜磔於市，甚眾，壅離其水也，而人竊金不止。夫罪莫重辜磔於市，猶不止者，不必得也。故今有人於此曰：『予汝天下，而殺汝身。』庸人不爲也。夫有天下大利也，猶不爲者，知必死也。故不必得，則雖辜磔，竊金不止；知必死，雖予之天下，不爲也。」

第三節　韓非徵史證立其思想

以下我們再來討論「當證明用的例子」

我們稱拿例子來證明爲例證（proof by examples）。例證一詞有時指「拿例子來證明」這一回事，有時指被當證明的例子本身。

　　例證除了發揮證明的功效外，或多或少還發生說明的功效。這也就是說，當我們拿例子來證明某一句話時，或多或少會幫助我們進一步了解該一句話的意義。

　　《韓非子》當例證的歷史故事呈現的推理形式，是應用：一、類比推理；二、演繹推理；三、歸納推理來進行論證。[7]

　　用已知的判斷作爲前提，推出未知的判斷作爲結論，叫做「推理」。

一、應用類比推理論證

　　類比推理是從個別事件，推到個別事件的推理。演繹推理和歸納推理，都是在類比推理的基礎上發展起來的。

　　類比推理是在同類事物中由個體推到個體的推理，它是根據「類」的概念進行的。所謂「類」是指具有某些相同性質的事物之組合。「類」相當於數學的「集合（set）」。我們舉例於下：

> 穰侯越韓、魏而東攻齊，五年，而秦不益一尺之地，乃成其陶邑之封；應侯攻韓八年，成其汝南之封。自是以來，諸用秦者，皆應、穰之類也。〈定法〉

此「類」的特性是成就私人封邑。「類比推理」可以分做兩類：（1）從已知的事例，推出未知的事例的類比推理；（2）用兩個以上的已知事例互相類比的類比推理。

（1）從已知的事例推出未知的事例的類比推理。它是最典型的類比推理，有著引古證今，預測未來的作用。例如〈二柄〉：

> 田常徒用德，而簡公弑；子罕徒用刑，而宋君劫。故今世為人臣者，兼刑德而用之，則世主之危，甚於簡公、宋君也。

---

7 此節討論與舉證，參見周鍾靈：《韓非子的邏輯》，頁84-142，1958年，人民出版社，北京。

　　這一段議論是應用「田常弒簡公」、「子罕劫宋君」的歷史故事，來證立「今世爲人臣者，兼刑德而用之，則世主必危」。

　　這一例證是兩個類比推理的聯合運用，我們可以把它解析做兩個類比推理。

　　①田常徒用德，而簡公弒。（大前提。前項表原因而後項表結果。）

　　　故今世爲人臣者用德。（小前提表已有的原因）

　　　則是世主之危如簡公也。（結論表應有的結果）

　　②子罕徒用刑，而宋君劫。（大前提。前項表原因而後項表結果）

　　　故今世爲人臣者用刑。（小前提表已有的原因）

　　　則是世主之危如宋君也。（結論表應有的結果）

　　韓非把這兩個類比推理聯合在一起運用，大前題、小前提和結論都是互相並列的，在措辭上也就更加增強了力量。因此，把小前題和結論說做：「故今世爲人臣者，兼刑德而用之，則是世主之危，甚於簡公、宋君也。」由於不是「徒用德」或「徒用刑」，而是「兼刑德而用之」，因此「世主之危」也就「甚於簡公、宋君」了。

（2）用兩個以上的已有事例互相類比的類比推理。它不是從已知的
　　　事例推測未知事例的類比推理，因此它是特殊性的類比推理。
　　　它列舉已知的事例，類比出它們的共同原因，初步地具有了歸
　　　納推理的性質。但是由於它沒有歸納出一般的原則性的全稱的
　　　結論，這是它和歸納推理的相異之處，因此它不是歸納推理。
　　　它雖然不是歸納推理，但是已經具有了一些歸納推理的性質，
　　　因此可以把它叫做歸納性質的類比推理。再如：

　　昔者紂之亡，周之卑，皆從諸侯之博大也。晉之分也，齊之奪
　　也，皆以群臣之太富也。夫燕、宋之以弒其君者，皆以（應作
　　此）類也。故上比之殷、周，中比之晉、齊，下比之燕、宋，
　　莫不從此術也。〈愛臣〉

這一段議論用歷史故事來證立「諸侯博大」、「群臣太富」乃人主的危機。

這個例證可以解析做三個具有歸納性質的類比推理：

①「昔者紂之王，周之卑，皆從諸侯之博大也。」

②「晉之分也，齊之奪也，皆以群臣之太富也。」

③「夫燕、宋以弒其君者，皆以（應作此）類也。」

這三個類比推理歸納起來成爲兩組：1.殷、周卑亡的共同原因是「諸侯之博大」，這個是由兩個事例歸納出來的共同原因。2.晉、齊、燕、宋的分奪弒君的共同原因是「群臣之太富」，這是由四個事例歸納出來的共同原因。殷、周是天子，晉、齊、燕、宋是諸侯，這是有區別的。「諸侯之博大」和「群臣之太富」也有「諸侯」和「群臣」的差異。但是這六個事例，仍有共同的類似之點，可以把它們類比在一起，所以它總結說：「故上比之殷、周，中比之晉、齊，下比之燕、宋，莫不從此術也。」

二、應用演繹推理論證

演繹推理是必然有效的推理。因爲「前提」涵蘊（implication）「結論」，也就是「結論」早已包含在「前提」之中，結論必然跟隨著「前提」而來。韓非子是法家，它的思想體系本身就具有演繹系統的性質。

韓非子演繹推理的重點是「兩難推理」（dilemma）。

兩難推理是由假言判斷和選言判斷聯合組成的推理形式。

顧名思義，兩難是進退兩難的意思，因此兩難推理是表示二者之間必居其一的推理。它的大前提由兩個假言判斷提出兩種絕對矛盾的可能性；它的小前提和結論的選言判斷表示二者必居其一的境地。這是兩難推理的基本意義，具有這種意義的兩難推理是典型的

兩難推理。

　　但是兩難推理的推理形式所能表達的思想內容，並不只限於這種進退兩難的意義。有時它也可以表示兩者並存的意義：即由大前提的兩個假言判斷提出兩種互相並列的可能性，再由小前提和結論的選言判斷表示二者並存的情況。例如〈有度〉：

> 今若以譽進能，則臣離上而下比周；若以黨舉官，則民務交而不求用於法。

這是個省略了小前提和結論的兩難推理。這裡的大前提提出兩個互相並列的可能性。省略了的小前提「以譽進能或以黨舉官」和結論「臣離上而下比周或民務交而不求用於法」，都表示二者並存的意義。

　　韓非子所應用的兩難推理在數量上是相當多的，在語文表達上是豐富多彩、富於變化的。於此我們只討論「帶證式的兩難推理」。

　　帶證式的兩難推理是帶有解釋說明部分的兩難推理。我們現在將舉一些重要例子，並給以必要的說明。例如：

> 為人主而大信其子，則奸臣得乘于子以成其私。故李兌傅趙王而餓主父。為人主而大信其妻，則奸臣得乘於其妻以成其私。故優施傅麗姬殺申生而立奚齊。〈備內〉

這一議論是以「李兌傅趙王而餓主父」證立人主信其子則奸臣乘其子以成其私；以「優施傅麗姬殺申生而立奚齊」的故事證立人主信其妻而奸臣以成其私。

　　然而這是只有大前提的省略式的兩難推理。在作為大前提的兩個假言判斷的後面，都用具體的事例給予論證性的證據。再看：

> 〈難一〉韓子所斬也，若罪人，則不可救；救罪人，法之所以敗也，法敗，則國亂。若非罪人，則（應增「不可」兩字）勸之以徇；勸之以徇，是重不幸也，重不幸，民所以起怨者也，

民怨則國危。

（以上兩節是大前提）

郤子之言，非危則亂。（結論）

這一段議論是以韓獻子斬人的歷史故事證立郤獻子之言非危則亂。
這個兩難推理可以簡化做下面的形式：

若救罪人則國亂；若非罪人而勸之以徇，則國危。（大前提）

郤子之言，非危則亂。（結論）

大前提裡被精簡掉的都可以看做是解釋說明的部分。再如：

〈難二〉若使管仲，大賢也，且為湯、武。湯、武，桀、紂之
臣也。桀、紂作亂，湯、武奪之。今桓公以易（佚於使人）居
其上，是以桀、紂之行，居湯、武之上，桓公危矣。

若使管仲，不肖人也，且為田常。田常，簡公之臣也，而弒其
君。今桓公以易居其上，是以簡公之易，居田常之上也，桓公
又危矣。

（以上兩節是大前提）

管仲非周公旦以（已）明矣。然為湯、武與田常，未可知也。
（結論）

這一段議論是用歷史人物來證立「管仲為湯、武與田常未可知也」。
此一例證係採用演繹推理中的兩難論式進行的。但其中有解釋部分。

這個兩難推理可以簡化做下面的句式：

若使管仲，大賢也，且為湯、武；若使管仲，不肖人也，且為
田常。（大前提）

管仲為湯、武與田常，未可知也。（結論）

被精簡的都是解釋說明的部分。這個解釋說明的部分包含了兩個
類比推理。現在把它寫在下面：

①湯、武，桀、紂之臣也。桀、紂作亂，湯、武奪之。（這是

「用來類比」的部分）今桓公以易居其（指管仲）上，是以桀、紂之行，居湯、武之上，桓公危矣。（這是被類比的部分）

②田常，簡公之臣也，而弒其君。（這是「用來類比」的部分）今桓公以易居其（指管仲）上，是以簡公之易，居田常之上也，桓公又危矣。（這是被類比的部分）

三、應用歸納推理論證

歸納推理是前提「支持」結論的推理。所謂「支持」是指「推廣的基礎」（即由已知推未知），所以歸納推理的結論只是蓋然的（probable）真。然而，隨著我們對經驗的認知活動之拓展，歸納推理也會擴大到經驗世界的許多層面。我們的經驗增加時，一定會修正對於未來經驗的錯誤判斷。經驗科學就是依循這種程序的進行而累積起來的。歸納推理所得到的結論又常被演繹推理當作大前提作為推理的起點，這就表明了歸納推理和演繹推理之間也有著一定的聯繫性。

韓非子「觀往者得失之變」，他常常從歷史現象和社會現象中，觀察具體的事例歸納出蓋然性很高的結論來，因此他是善於運用歸納推理的。例如〈外儲說右下〉：

入齊，則獨聞淖齒而不聞齊王；入趙，則獨聞李兌而不聞趙王。（兩個特殊事例做前提）故曰：人主不操術，則威勢輕而臣擅名。（歸納出來的一般原則性的結論）

這一段議論是用「入齊」與「入趙」兩個歷史事件來證立「人主不操術，則威勢輕而臣擅名」的論點。此一例證係用類同法的歸納推理進行的。

歸納推理是從觀察事物間的異同開始，然後探求出事物間的因果

關係。韓非子既能辨異同,又能深究因果,因此他所選用的歸納推理是豐富多彩的,也是深刻細緻的。他的論著中經常有歸納推理出現。而在〈內儲說上‧七術〉、〈內儲說下‧六微〉、〈外儲說左上〉、〈外儲說左下〉、〈外儲說右上〉、〈外儲說右下〉裡表現得更爲突出。這六篇議論文的全部內容都體現著歸納推理的精神實質。他總是把同一類型或不同類型的事例分別地觀察、歸納出蓋然性高的原理來。全文的總綱常常是歸納推理的總結,總綱以外的部分都是關於具體事例的陳述。

　　在這六篇議論文的總綱裡,〈內儲說〉兩篇比〈外儲說〉四篇更加典型地表現了歸納推理。例如〈內儲說上‧七術〉的「必罰」:

> 愛多者,則法不立;威寡者,則下侵上;是以刑罰不必,則禁令不行。其說在董子之行石邑;與子產之教游吉也;故仲尼說隕霜;而殷法刑棄灰;將行去樂池;而公孫鞅重輕罪。是以麗水之金不守;而積澤之火不救;成讙以太仁弱齊國;卜皮以慈惠亡魏王。管仲知之,故斷死人,嗣公知之,故買胥靡。

這個歸納推理的結論是必罰,也就是這篇議論文開頭列舉七術的項目所說的「必罰明威」。此段議論用十二個具體事例(史事)證立「必罰明威」的論點。這個例證是用八個同類事例,四個異類事例比較而得結論。這一例證係用歸納推理中的同異交得法進行的。

　　「必罰明威」這個結論,是用十二個具體事例作爲前提歸納出來的。這十二個具體事例分爲兩組:一組是積極面的事例,也就是同類的事例;一組是消極面的事例,也就是異類的事例。現在把它們解析如下:

1、積極面八個事例　　　　　　　原因(前件)結果(後件)

（1）董子之行石邑　　　　　　　必罰　　　　明威

（2）子產之教游吉　　　　　　　必罰　　　　明威

（3）仲尼說隕霜	必罰	明威
（4）殷法刑棄灰	必罰	明威
（5）將行去樂池	必罰	明威
（6）公孫鞅重輕重	必罰	明威
（7）管仲知之，故斷死人	必罰	明威
（8）嗣公知之，故買胥靡	必罰	明威

2、消極面四個事例　　　　　原因（前件）結果（後件）

（1）麗水之金不守	刑罰不必	則禁令不行
（2）積澤之火不救	刑罰不必	則禁令不行
（3）成讙以太仁弱齊國	刑罰不必	則禁令不行
（4）卜皮以慈惠亡魏王	刑罰不必	則禁令不行

　　在八個積極面的事例裡，都具有共同的原因「必罰」，和共同的結果「明威」。「必罰」則「明威」，也就是「刑罰必」則「禁令行」的意思。就由這八個同類的事例已經足夠歸納出類同法的結論「必罰」則「明威」或「刑罰必」則「禁令行」來了。但是韓非子在這裡運用了同異交得法，更進一步地把這八個同樣的事例和其它四個異類的事例相比較。在四個消極面的事例裡，都缺乏共同的原因「必罰」和共同的結果「明威」，也就是「刑罰不必，則禁令不行」。

　　這樣把同類異類兩組事例互相比較就尋求出一般原則性的結論「必罰則明威」來，這表明了「必罰」和「明威」之間有著必然的內在的因果關係：「必罰」是「明威」的真正原因；「明威」是「必罰」的必然結果。

1.應用類同法論證

　　類同法是用兩個以上同類的事例做前提歸納出一般原理來的歸納推理。由於歸納推理的目的總是在於探求事物的原因，因此類同

法也就是要從相同的現象裡尋求它們的共同原因的歸納推理。

> ①子胥善謀而吳戮之；仲尼善說而匡圍之；管夷吾實賢而魯囚
> 之。故此三大夫豈不賢哉？而三君不明也。〈難言〉

這一段議論用三個事例來證立因為「君不明」才產生三事例的結果。
這一例證採歸納推理中的類同法進行的。

「戮」、「圍」和「囚」是同一類型的現象。「君不明」是這些
現象的共同原因，反之，這些現象是「君不明」所產生的必然結果。

> ②越王好勇，而民多輕死；楚靈王好細腰，故國中多餓人；齊
> 桓公妒而好內，故豎刁自宮以治內；桓公好味，易牙蒸其子
> 首而進之；燕王噲好賢，故子之明不受國（五個事例做前
> 提）。故君見惡，則群臣匿端；君見好，則群臣誣能。（結
> 論）〈二柄〉

這裡的結論是：「君見好，則群臣誣能」。因為列舉的五個事例都
是它的例證。「故君見惡，則群臣匿端」，只是用作陪襯的措辭罷
了。這五個事例的具體表現雖然各有不同，但卻都是「誣能」的現
象。「君見好」是這同一類型的現象的共同原因；反之，這同一類
型的現象都是「君見好」所產生的必然的結果。這一例證是用類同
法的歸納推理進行的。

> ③恃諸侯者，危其國（結論）。曹恃齊而不聽宋，齊攻荊而宋
> 滅曹；邢恃吳而不聽齊，越伐吳而齊滅邢；許恃荊而不聽魏，
> 荊攻宋而魏滅許；鄭恃魏而不聽韓，魏攻荊而韓滅鄭。（四
> 個例證做前提）〈飾邪〉

這段議論是由四個歷史事例歸納出結論。此一例證係採類同法的歸
納推理。四個事例都具有共同的原因和共同的結果：

前件的原因　　　　　　　　　　　後件的結果

（1）曹恃齊，　　　　　　　　　宋滅曹。

（2）邢恃吳，　　　　　　　　　齊滅邢。

（3）許恃荊，　　　　　　　　　魏滅許。

（4）鄭恃魏，　　　　　　　　　韓滅鄭。

這四個事例所具有的共同原因是「恃諸侯」；所產生的共同結果是「危其國」。因此得出了一般原則性的結論：恃諸侯者，危其國。

　　④淖齒之用齊也，擢閔王之筋；李兌之用趙也，餓殺主父（兩
　　個事例做前提）。此二君者，皆不能用其椎鍛榜檠，故身死
　　為戮，而為天下笑。（結論）〈外儲說右下〉

這一段議論用兩個歷史事例證明人主不能用「法」的危險性，此一例證係採類同法的歸納推理進行的。這個例證的上文說：「椎鍛者，所以平不夷也；榜檠者，所以矯不直也。」因此他是用「椎鍛榜檠」來描述「法」的作用的。這樣，這裡的結論實質上就是：「不能用其法，故身死爲戮，而爲天下笑。」閔王和主父都具有「身死爲戮，而爲天下笑」的共同結果，產生這共同結果的原因是「不能用其法」。

　　⑤昔關龍逢說桀而傷其四肢；王子比干諫紂而剖其心；子胥忠
　　直夫差而誅於屬鏤（三個事例做前提）。此三子者為人臣非
　　不忠，而說非不當也，然不免於死亡之危者，主不察賢智之
　　言，而蔽於愚不肖之患也。（結論）〈人主〉

這一段議論用歷史故事證明「主蔽於愚不肖，則人臣不免於死亡之危」。此一例證係採類同法的歸納推理進行的。

　　這裡作爲前提的三個事例裡，都具有共同的結果「死亡之危」。韓非分析了產生這個共同的結果的共同的原因。這共同的原因既不是「爲人臣不忠」，也不是「說不當」，而是「主不察賢智之言，而蔽於愚不肖」。「蔽於愚不肖」也就是「不察賢智之言」，不過是採用肯定和否定的說法來表示同一個思想內容罷了。因此作爲後件結果「死亡之危」的前件原因是：「蔽於愚不肖」，也可以說是：

「不察賢智之言」。這個歸納推理的結論就是：「主不察賢智之言，而蔽於愚不肖，則人臣不免於死亡之危」。

2.應用差異法論證

差異法是用兩個互相矛盾的事例做前提，比較出一定的前件原因產生一定的後件結果的歸納推理。例如〈飾邪〉：

> 彼法明，則忠臣勸；罰必則邪臣止。忠勸邪止而地廣主尊者，秦是也。群臣朋黨比周，以隱正道，行私曲而地削主卑者，山東是也。亂弱者亡，人之性也；治強者王，古之道也。

這個議論用兩個正反的事例證明「法明罰必，則治強」的論點。這一例證係採用差異法的歸納推理。分析如下：

這裡列舉了一對互相矛盾的兩個事例：秦是正面的事例；山東是反面的事例。在正面的秦的事例裡，由於具有了「法明罰必」的前件原因，因此產生了「地廣主尊」也就是「治強」的後件結果。在反面的山東的事例裡，由於不具有「法明罰必」的前件原因，因此就沒有「地廣主尊」也就是沒有「法治」的後件結果。雖然韓非子在反面的事例裡也用了正面的措辭，但是把它和正面的事例比較著看，那它仍舊是反面的。「群臣朋黨比周，以隱正道，行私曲」正是「法明罰必」的反面；「地削主卑」和「亂弱」也正是「地廣主尊」和「治強」的反面。因此這個差異法的結論是：「法明罰必，則治強。」再舉例如下：

> ①桀為天子，能治天下，非賢也，勢重也。堯為匹夫，不能正三家，非不肖也，位卑也。千鈞得船則浮，錙銖失船，則沈；非千鈞輕而錙銖重也。有勢之與無勢也。〈功名〉

這段議論用「桀為天子，能制天下」，及「堯為匹夫，不能治三家」兩個相反的事例證立「有勢能治天下，無勢不能治天下」的論點。此一例證係用差異法歸納推理。

　　這個差異法所用的兩個相反的事例「桀」和「堯」，雖然有比喻的性質，但仍表現了差異法的本質。表面上看來，具有「天子」的前件原因就能產生「制天下」的後件結果；反之，不具有「天子」的前件原因，就不能產生「制天下」的後件結果。匹夫就是不具有「天子」的前件原因；既「不能正三家」，當然更談不上會有「制天下」的後件結果了。依韓非子看來，造成能不能「制天下」的後果的前因，既不是由於「賢不肖」的差別，也不是由於做不做天子的表面條件，本質上是由於「有勢與無勢」的緣故。他在這裡又運用了修辭性的類比推理，把「勢」比做「船」，「有勢」比做「得船」，「無勢」比做「失船」，「爲天子」比做「浮」，「爲匹夫」不做天子比做「沈」。這樣，就使這個差異法的面貌表現得更加生動活潑了。

　　由於「有勢」的前因，就有「制天下」的後果；反之，不具「有勢」的前因，即「無勢」，就不能有「制天下」的後果。再如：

　　②昔者舜鼓五弦，歌南風之詩，而治天下。今以單父之細也，
　　　治之而憂，治天下將奈何乎？故有術而御之，身坐於廟堂之
　　　上，有處女子之色，無害於治；無術而御之，身雖痤癯，猶
　　　未有益。〈外儲說左上〉

這個差異法，闡明了「術」是「天下治」的原因，「天下治」是「術」所產生的結果。他用了兩個相反的事例：正面的事例表明具有「術」的前件原因即「有術」，就有「天下治」的後件結果；反面的事例，不具有有「術」的前件原因即「無術」，就不能有「天下治」的後件結果。再如：

　　③昔周成王近優侏儒以逞其意，而與君子斷事，是能成其欲於
　　　天下。今季孫養孔子之徒，所朝服而與坐者以十數，而與優
　　　侏儒斷事，是以遇賊。故曰：不在所與居，在所與謀也。〈外

儲說左下〉

這個差異法所運用的兩個事例裡：周成王由於具有「與君子斷事」
的前件原因，所以就有「成其欲於天下」的後件結果；季孫恰巧相
反，由於不具有「與君子斷事」的前件原因，所以就沒有「成其欲
於天下」的後件結果。

3.應用同異交得法論證

同異交得法是類同法和差異法聯合運用的歸納推理。它從正面和
反面的兩組事例中進行比較，歸納出一般原則性的結論。正面的一
組事例具有相同的前件原因和後件結果，因此叫做積極面；反面的
一組事例不具有相同的前件原因和後件結果，因此叫做消極面。

同異交得法和類同法的區別在於：類同法只是同異交得法的一
半，如果把同異交得法裡的積極面獨立起來，這獨立起來的積極面
就等同於類同法。同異交得法和差異法的區別在於：同異交得法具
有兩組事例，差異法只具有兩個事例。如果從同異交得法的積極面
和消極面裡各抽出一個事例來單獨處理，那就等於差異法。因此我
們綜合地說：

同異交得法和類同法的區別是質的區別：類同法只具有同質的事
例；同異交得法既具有同質的事例，也具有異質的事例。

同異交得法和差異法的區別是量的區別：差異法只具有一個正面
的事例和一個反面的事例；同異交得法卻具有一組正面的事例即積
極面，和一組反面的事例即消極面。現在舉例並加以說明如下：

①當魏之方明立辟，以憲令行之時，有功者必賞，有罪者必誅，
　強匡天下，威行四鄰；及法慢，妄予，則國日削矣。當趙之
　方明國律，從大軍之時，人眾兵強，辟地齊、燕；及國律慢，
　用者弱，而國日削矣。當燕之方明奉法，審官斷之時，東縣
　齊國，南盡中山之地；及奉法已亡，官斷不用，左右交爭，

論從其下，則兵弱而地削，國制於鄰敵矣。故曰：明法者強，
慢法者弱。〈飾邪〉

這一段議論用魏、趙、燕三國的歷史故事，證明「明法者強，慢法者弱」之論點。此一例證係用歸納推理中的同異交得法進行的。

這個同異交得法用了六個事例：積極面的三個事例是魏、趙、燕；消極面的三個事例也是魏、趙和燕。三個積極面都具有「明法」的前件原因和「強」的後件結果。三個消極面都具有「慢法」的前件原因和「弱」的後件結果，也就是都不具有「明法」的前件原因和「強」的後件結果。我們現在把它們的措辭加以精簡並扼要地解析如下：

甲、積極面有三個事例：　　　前件原因　　　後件結果

（1）魏（事例一）　　　　方明立辟　　　威行四鄰

（2）趙（事例二）　　　　方明國律　　　人眾兵強

（3）燕（事例三）　　　　方明奉法　　　東縣齊國

　　　結論：明法者強。

乙、消極面有三個事例：　　　前件原因　　　後件結果

（1）魏（事例一）　　　　法慢妄予　　　國日削矣

（2）趙（事例二）　　　　國律慢　　　　國日削矣

（3）燕（事例三）　　　　奉法已亡　　　兵弱而地削

　　　結論：慢法者弱。

韓非子在這裡把消極面和積極面同樣地運用了正面的措辭。積極面的結論是：「明法者，強。」消極面的結論是：「慢法者，弱。」積極面和消極面之間不是一肯定和一否定的矛盾關係，而是一面肯定而另一面也肯定的反對關係。因此這個同異交得法就有兩個結論，但這兩個並不是同等重要的。積極面的結論是主要的，消極面的結論的次要的。這可以看做是韓非子同異交得法的特色。

這個同異交得法的積極面和消極面既然都具有正面的結論，因此，如果把積極面和消極面分別地看待，它們實在是兩個類同法的歸納推理。如果把積極面的三個事例魏、趙、燕和消極面的魏、趙、燕依次序分別地配合起來，就又可以解析做三個差異法的歸納推理。因此，這個同異交得法既可以被看做是由兩個類同法的歸納推理組織而成的；也可以被看做是由三個差異法的歸納推理組織而成的。這正好證明了同異交得法是類同法和差異法聯合運用的歸納推理。

我們為什麼把這個歸納推理看做同異交得法呢？這是由於這個歸納推理是一個有機的整體的緣故。即使把它理解做三個差異法的聯合運用，那麼，差異法本身既表示了差異，同時這三個差異法又是互相類同的，這不是既差異又類同嗎？正好形成了一個同異交得法。即使把它理解做兩個類同法的聯合運用，那麼，類同法本身既表示了類同，同時，這兩個類同法又恰巧是相反的差異的，這不也是既類同而又差異嗎？也正好形成一個同異交得法。這就是我們把這個歸納推理看做同異交得法的充足理由和客觀根據。再看：

②韓宣王問於摎留：吾欲兩用公仲、公叔，其可乎？摎留對曰：昔魏兩用樓、翟，而亡西河；楚兩用昭、景，而亡鄢、郢。今君兩用公仲、公叔，此必將爭事而外市，則國必憂矣。或曰：昔者齊桓公兩用管仲、鮑叔，成湯兩用伊尹、仲虺。夫兩用臣者，國之憂；則是桓公不霸，成湯不王也。湣王一用淖齒，而身死乎東廟；主父一用李兌，減食而死。主有術，兩用不為患。無術，兩用，則爭事而外事，一則專制而劫弒。今留無術以規上，使其主去兩用一，是不有西河、鄢、郢之憂，則必有身死減食之患。是摎留未有善以知言也。〈難一〉

此段用兩曹對辯的方式，引用了六個歷史事例來證明「主有術則無

患，無術則有患」的論點，這一例證係用同異交得法歸納推理。分析如下：

這個同異交得法是由兩曹對辯，尤其是由反駁對方論點的爭論中顯現出來的。對方首先用三個類同法並且進行類比推理。這個類同法是這樣的：

兩個事例：	前件原因	後件結果
（1）魏（事例一）	兩用樓、翟	亡西河
（2）楚（事例二）	兩用昭、景	亡鄢、郢

結論：凡兩用，則國必憂矣。

這個類同法所得到的全稱判斷是不能成立的。反駁者引用了兩組事例駁斥了對方的論斷。第一組是兩個事例：

兩個事例：	前件原因	後件結果
（1）齊桓公（事例一）	兩用管仲、鮑叔	霸
（2）成湯（事例二）	兩用伊尹、仲虺	王

這兩個事例的前件和對方的兩個事例的前件相同，但它們的後件絕對相反；這證明「兩用」的前件絕不是後件的原因。反之，後件也絕不是「兩用」所產生的結果。這裡韓非的反駁很有力量。

第二組也是兩個事例：

兩個事例：	前件原因	後件結果
（1）潛王	一用趙	身死於東廟
（2）主父	一用李兌	減食而死

這兩個的後件和對方兩個事例的後件相似，但它們的前件卻不相同，這證明「兩用」或「一用」都不是後件的原因，反之，後件也都不是「兩用」或「一用」所產生的結果。

相同的後件結果應該有它們的共同的前件原因。韓非就從這六個事例裡運用了同異交得法歸納出一般原則性的結論，推求出真正的

原因是「術」。「有術」與「無術」才是決定積極面和消極面之間的界限的權衡。現在把它們解析如下：

（甲）積極面有兩個事例	前件原因	後件結果
（1）齊桓公（事例一）	有術，兩用管仲、鮑叔	霸
（2）成湯（事例二）	有術，兩用伊尹、仲虺	王

（乙）消極面有四個事例	前件原因	後件結果
（1）魏（事例一）	無術，兩用樓、翟	亡西河
（2）楚（事例二）	無術，兩用昭、景	亡鄢郢
（3）湣王（事例三）	無術，一用淖齒	身死於東廟
（4）主父（事例四）	無術，一用李兌	減食而死

結論：主有術，兩用不爲患。無術，兩用則爭事而外事；一則專制而劫弒。

這個結論說得簡單些就是：「主有術，兩用不爲患。無術，則兩用、一用皆有患。」由於駁斥對方的「兩用」，因此結論只說：「主有術，兩用不爲患」，其實是「主有術，則兩用、一用皆無患」。再簡單些就是：「主有術，則無患；無術，則有患。」「兩用」和「一用」都是和「有患」和「無患」不相干的。

在這個例證中，積極面的前件和一部分消極面的前件相同，和另一部分消極面的前件不相同。這些前件都不是產生後件的原因，產生後件的原因另有所在。

這個例證就在比較積極面和消極面的異同之中，在發現它們的前件和後件間，或前件和前件間的互相矛盾之中，進一步揭開表面類似原因的不必然，最後找尋出產生後件的真正原因。這是這個同異交得法自身具有的特色。

本章第二節的「例示」，可見韓非徵引歷史是用來「說明」人主乘勢、明法、操術的重要性。由本節的「例證」，可見韓非徵引歷

史是用來「證立」人主乘勢、明法、操術的必要性。「例示」是韓非徵史說明其思想;「例證」是韓非徵史證立其思想。無論「例示」或「例證」,我們發現韓非哲學奠立在堅實的歷史經驗之上,絕非憑空立論。而且在「例證」的推理過程中,韓非展現了嚴謹而熟練的邏輯技巧。這就是我們不採逐條敘述「例證」,而用邏輯分類,加以論述的理由。

第三章　韓非子批評歷史

　　韓非從歷史吸納學術養分，應用歷史說明或證立自己的學說。同時，韓非也批評歷史，對歷史事件、歷史人物、春秋戰國各學派，有獨到的批判。他的論點，有鮮明的法家立場，於主觀中卻不失理性，層層批駁，深入核心所在，能破他人之非，亦能建立自己的學派觀點。以下我們就進入韓非的批判世界。

第一節　韓非子批評史事

一、堯舜湯武反君臣之義

　　堯、舜、湯、武是儒家心目中的「聖君」或「聖王」。儒者向來宣揚堯舜的禪讓，稱讚湯放桀、武王伐紂。以前者爲理想的政治典範；以後者爲解除百姓「倒懸」之苦。可是法家的韓非卻不以爲然。韓非在〈忠孝〉篇曾以此爲主題，做一次深度的分析和批判。

　　韓非認爲堯舜的禪讓，是「堯爲人君而君其臣，舜爲人臣而臣其君」。商湯放桀、武王伐紂，是「湯武爲人臣而弑其主，刑其尸」，或「弑其君」。總的批評是：「堯、舜、湯、武或反君臣之義，亂後世之教也」。

　　依《史記‧五帝本紀》：「堯立七十年得舜，二十年而老，令舜攝行天子之政，薦之於天，堯辟位凡二十八年而崩。」堯辟位二十八年而崩，其間由舜攝行天子之政，所以說：「堯爲人君而君其臣，舜爲人臣而臣其君。」韓非此言有其歷史根據。依《尙書‧湯誓序》云：「伊尹相湯，與桀戰于鳴條。」墨子在〈非攻下〉以爲湯伐桀，

武王伐紂，是「誅」而非「攻」[1]。孟子學習墨子轉換概念的技巧說：「聞誅一夫紂矣，未聞弒君也」，「誅其君而弔其民」（〈梁惠王下〉）。《荀子·議兵》也說：「王者有誅而無戰」。然而，《史記·夏本紀》：「湯率兵以伐夏桀，桀走鳴條，遂放而死。」《史記·殷本紀》：「周武王於是遂率諸侯伐紂，紂亦發兵距之牧野，紂兵敗⋯⋯赴火而死，周武王遂斬紂頭，懸之白旗。」〈周本紀〉所載略同。所以韓非說「湯武為人臣而弒其主，刑其尸」，或「弒其君」，必有所本。

至於「堯舜湯武或反君臣之義」，韓非下此判斷的根據或理由是什麼？從〈忠孝〉篇可歸納出韓非的理由有三：

1. 夫所謂明君者，能畜其臣者也；所謂賢臣者，能明法辟，治官職，以戴君者也。

2. 臣所聞曰：「臣事君，子事父，妻事夫，三者順則天下治，三者逆則天下亂。此天下之常道也。」

3. 所謂忠臣不危其君，孝子不非其親。

畜，駕馭，統御。辟，法。戴，擁護。依第一項，韓非認為：「今堯自以為明而不能以畜舜，舜自以為賢而不能以戴堯，湯武自以為義而弒其君。」依第三項，韓非說：「今舜以賢取君之國，而湯武以義放弒其君，此皆以賢而危主者也。」韓非以第二項為「天下之常道」。他的解釋是：

父之所以欲有賢子者，家貧則富之，父苦則樂之；君之所以欲有賢臣者，國亂則治之，主卑則尊之。今有賢子而不為父，則父之處家也苦；有賢臣而不為君，則君之處位也危。然則父有賢子，君有賢臣，適足以為害耳，豈得利焉哉？

---

1 見王讚源：《墨子》，頁 140，1996 年，東大，世界哲學家叢書，台北。

依這種理念，韓非對舜批評最烈。他說：

> 瞽叟爲舜父，而舜放之；象爲舜弟，而舜殺之。放父殺弟，不
> 可謂仁；妻帝二女而取天下，不可謂義，仁義無有，不可謂明。
> 詩云：「普天之下，莫非王土；率土之濱，莫非王臣。」信若
> 詩之言也，是舜出則臣其君，入則臣其父，妾其母，妻其主女
> 也。

所引的詩出自〈小雅・北山〉。《詩經》是儒家信奉的經典，韓非
引詩評舜，用意在「以子之矛攻子之盾」。

總之，韓非根據前文所揭三項理由，批評「堯、舜、湯、武或反
君臣之義，亂後世之教」；並進一步奉勸人臣「毋稱堯舜之賢，毋
譽湯武之伐，盡力守法，專心於事主爲忠臣」。

最後，我們認爲「禪讓政治」不能做爲政權轉移的常道。誠如韓
非說的「父而讓子，君而讓臣，此非所以定位一教之道也。」[2] 因爲
掌權者讓不讓？何時讓？不可預期，不能成立制度，也就是「非所
以定位一教之道」。此外，我們還認爲韓非在〈忠孝〉篇說的「臣
事君，子事父，妻事夫，三者順則天下治，三者逆則天下亂。」是
後來《春秋繁露・基義》：「王道三綱」，及《白虎通義》：「君
爲臣綱，父爲子綱，夫爲妻綱」的思想基因。[3]

二、管仲宜推介法術之士

管仲輔佐齊桓公，成爲春秋霸主，並尊王攘夷，捍衛中華文化，
流傳爲中國聖君、賢相的一段佳話。《韓非子》中，記載了許多管
仲的言行，有稱讚也有批判。在〈難一〉篇第三節，則是針對管仲
遺言提出了責難。

---

2 梁啓雄：《韓子淺解》，頁 505，民國 81 年，台灣學生書局，台北。
3 韋政通：《中國哲學辭典》，頁 78，「三綱」條，大林，台北。

管仲有病，桓公往問之，曰：「仲父病，不幸卒於大命，將奚以告寡人？」管仲曰：「微君言，臣故將謁之。願君去豎刁，除易牙，遠衛公子開方。易牙為君主味，君惟人肉未嘗，易牙蒸其子首而進之。夫人情莫不愛其子，今弗愛其子，安能愛君？君妒而好內，豎刁自宮以治內。人情莫不愛其身，身且不愛，安能愛君？開方事君十五年，齊衛之間不容數日行，棄其母，久宦不歸。其母不愛，安能愛君？臣聞之，矜偽不長，蓋虛不久，願君去此三子者也。」管仲卒死，而桓公弗行。及桓公死，蟲出戶不葬。

以上這段資料，亦見於《韓非子‧十過》、《管子‧小稱》、《呂氏春秋‧知接》、《史記‧齊世家》、《說苑‧權謀》。

　　管仲以易牙、豎刁、開方三人的行事來推斷他們對桓公忠誠的可靠程度，說得條理分明，頗有洞見。可是韓非毫不留情地批駁管仲請求貶斥易牙三人理由不合道理，因為管仲自己的政治經歷即是一大反諷。韓非言：「以不愛其身，度其不愛其君，是將以管仲之不能死公子糾，度其不能死桓公也，是管仲亦在所去之域矣。」因而韓非論難的重點，乃在法治制度的強調，批判管仲若沒建立永久通用的政治法則，終將「人存政舉，人亡政息」，不管其是否苦口婆心規勸桓公遠離豎刁三人，或是否薦舉隰朋。韓非論辯說：

　　明主之道不然，設民所欲以求其功，故為爵祿以勸之；設民所惡以禁其姦，故為刑罰以威之。慶賞信而刑罰必，故君舉功於臣而姦不用於上，雖有豎刁，其奈君何？且臣盡死力以與君市，君垂祿以與臣市，君臣之際，非父子之親也，計數之所出也。君有道，則臣盡力而姦不生；無道，則臣上塞主明而下成私。管仲非明此度數於桓公也，使去豎刁，一豎刁又至，非絕姦之道也。且桓公所以身死蟲流出戶不葬者，是臣重也。臣重之實，擅主也。有擅主之臣，則

君令不下究，臣情不上通，一人之力能隔君臣之間，使善敗不聞，禍福不通，故有不葬之患也。明主之道：一人不兼官，一官不兼事；卑賤不待尊貴而進，大臣不因左右而見；百官修通，群臣輻湊；有賞者君見其功，有罰者君知其罪。見知不悖於前，賞罰不弊於後，安有不葬之患？管仲非明其言於桓公也，使去三子，故曰管仲無度矣。

歸納韓非所言，重點有二：

1. 國君應制定嚴明的賞罰制度，該獎賞的無不獎賞，該責罰的必當責罰，使有功的官吏均獲拔擢，邪惡的官吏絕難倖進。

2. 要避免官吏弄權。官吏弄權，就會把持君主的政令，導至君主的政令不能普及於臣下；並阻隔在君主和臣民之中，使其他官吏的意見不能上達君主。所以提出「明主之道，一人不兼官，一官不兼事」，「卑賤不待尊貴而進，大臣不因左右而見」，如此百官的意見都能通達朝廷，群臣的心力都能歸向君主。

　　我們可以看出，韓非批判管仲宜推介法術之言，除了就事論事外，亦是藉題大作發揮，提出法、術兼顧的政治主張。他認為國家要有固定的用人原則（法），國君要有高明的控制手段（術）。所以他不僅是批判了管仲應向國君提示法、術之道，以確立治國的根本辦法，同時亦是再一次宣揚了他「行法用術」的理論，並冀望依據客觀的標準，擬定周密可行的治國法制，以求諸久遠。[4]

三、子產不該「以智治國」

　　子產是春秋時代鄭國最有名的輔政大臣。他主持鄭國的政治四十多年，曾「鑄刑書」（《左傳》昭公六年）；屢遭毀謗，大義凜然地說：「苟利社稷，死生以之。」（《左傳》昭公四年）；「不毀

---

4 參見張素貞：《韓非子難篇研究》，頁 28-40，民國 76 年，台灣學生書局，台北。

鄉校」（《左傳》襄公三十一年）；廣開言路，是當時頗受仰重的執政大臣。韓非在〈難三〉篇第五節曾對子產一段軼事提出批評：

> 鄭子產晨出，過東匠之閭，聞婦人之哭，撫其御之手而聽之，有間，遣吏執而問之，則手絞其夫者也。異日，其御問曰：「夫子何以知之？」子產曰：「其聲懼。凡人於其親愛也，始病而憂，臨死而懼，已死而哀。今哭已死，不哀而懼，是以知其有姦也。」

> 或曰：子產之治，不亦多事乎？姦必待耳目之所及而後知之，則鄭國之得姦者寡矣。不任典成之吏，不察參伍之政，不明度量，恃盡聰明勞智慮而以知姦，不亦無術乎！且夫物眾而智寡，寡不勝眾，智不足以徧知物，故因物以治物。下眾而上寡，寡不勝眾者，言君不足以徧知臣也，故因人以知人。是以形體不勞而事治，智慮不用而姦得。故宋人語曰：「一雀過羿，羿必得之，則羿誣矣。以天下為之羅，則雀不失矣。」夫知姦亦有大羅，不失其一而已矣。不修其理，而以己之胸察為之弓矢，則子產誣矣。老子曰：「以智治國，國之賊也。」其子產之謂矣。

一般而論，子產表現出來的明察，是令人敬佩的，但韓非則不以為然。他否定子產這種靠智慮知姦的作法，再提出「因物治物，因人治人」的無為之術；進而點明法家以天下為網羅之意，並轉化老子文意，加以印證。

客觀說來，子產聽斷婦人的姦情，純粹是個人偶然遇到而表現出的特殊機智，並非完全以這種方式去審理案件，我們不能藉此論定子產執政就是「不任典成之吏，不察參伍之政」。

我們認為，韓非在批評子產這段軼聞時，又再次藉題發揮，強調「分層負責」的用人之術及「以天下為網羅」的嚴密統御術。論點

頗有可觀，在章法上，推論引喻也謹嚴明確，亦具文學趣味。[5]

四、批評桓公慈惠亂本

齊桓公為春秋五霸之一，其一生極為風光，卻因晚年重用佞臣，而落個尸蟲出戶的下場。有關他的事蹟，史冊載錄頗多，《韓非子・難二》第二節就記載了桓公一件軼事：

> 齊桓公飲酒醉，遺其冠，恥之，三日不朝，管仲曰：「此非有國者之恥也，公胡不雪之以政？」公曰：「善。」因發倉囷賜貧窮，論囹圄出薄罪。處三日而民歌之，曰：「公乎！公乎！胡不復遺其冠乎！」

桓公聽從管仲的建議，藉機會賑濟貧窮，赦放輕刑犯，以洗刷「遺冠」的恥辱，使人民高興不已，甚至希望他再多丟幾次帽子。韓非對此有以下的評論：

> 或曰：管仲雪桓公之恥於小人，而生桓公之恥於君子矣。使桓公發倉囷而賜貧窮，論囹圄而出薄罪，非義也，不可以雪恥使之而義也。桓公宿義，須遺冠而後行之，則是桓公非行義，為遺冠也。是雖雪遺冠之恥於小人，而亦生遺義之恥於君子矣。且夫發倉囷而賜貧窮，是賞無功也；論囹圄而出薄罪，是不誅過也。夫賞無功，則民偷幸而望於上；不誅過，則民不懲而易為非。此亂之本也，安可以雪恥哉！

韓非這段話，可以分幾層探究：

首先，總結桓公行義的意義：在小老百姓面前，是取得認可，好似洗刷了桓公遺失帽子的恥辱了；在君子人看來，桓公卻顯露了未能及時行義的缺失，是另一種恥辱了。

接著，從法家論功行賞，因罪施罰的原則發揮，認為桓公「賜貧

---

5 參見張素貞：《韓非子難篇研究》，頁115-124。

窮」是賞無功，將使百姓常存苟且僥倖的心理。「出薄罪（赦免輕刑犯）」是不罰過，百姓有過不受懲罰，將輕易做壞事，這是致亂的根源。如此，先說明行「善政」，未必就能雪「遺冠」之恥，再析論輕易賑貧與赦罪的弊害。

君主無故施恩赦罪，徒然亂法，使百姓心存僥倖，《韓非子》書中反覆申說這種理念。例如：

> 魏惠王謂卜皮曰：「子聞寡人之聲聞亦何如焉？」對曰：「臣聞王之慈惠也。」王欣然喜曰：「然則功且安至？」對曰：「王之功至於亡。」王曰：「慈惠，行善也，行之而亡，何也？」卜皮對曰：「夫慈者不忍，而惠者好與也。不忍則不誅有過；好予則不待有功而賞。有過不罪，無功受賞，雖亡，不亦可乎！」
> 〈內儲說上·七術〉

「慈惠」是儒者一再讚美的君德，但竟有可能使國家覆亡，原因便在於「有過不罪，無功受賞」，齊桓公「出薄罪」、「賜貧窮」不也一樣？韓非甚至舉證說明君主不宜輕易施恩賑濟：

> 秦大饑，應侯請曰：「五苑之草著蔬菜橡果棗栗，足以活民，請發之。」昭襄王曰：「吾秦法，使民有功而受賞，有罪而受誅。今發五苑之蔬果者，使民有功與無功俱賞也。夫使民有功與無功俱賞者，此亂之道也。夫發五苑而亂，不如棄棗蔬而治。
> 〈外儲說右下〉

秦昭襄王遇到饑荒，五苑的蔬果還要收藏起來，等百姓有功才賞，就未免不知因時制宜了。[6]

我們的看法是：1.民主國家的政府是為了服務人民這一理由才設立的，政府不應是高高在上的，而應體察百姓疾苦，給予協助。2.

---

6 參見張素貞：《韓非子難篇研究》，頁 80-83。

中華民國憲法第 152 條明定：「人民具有工作能力者，國家應予以適當之工作機會。」3.像美國人民失業，政府須發給失業救濟金。4.韓非尊君太過，以君爲國，不管實際情況爲何，一律反對賑濟貧窮，難怪招來「刻薄寡恩」的罵名。

第二節　韓非子對歷史人物的評論

《韓非子》書中，有很多對歷史人物的簡要評論或評語。韓非往往就歷史人物一生的整體表現，用如史筆的手法下評論。手法類似《春秋》、《左傳》一字之褒貶。而其文章體式、寫作方法，對後代頗有影響。如文天祥的〈正氣歌〉以十二句列舉十二件史事，就是例子。

一、〈姦劫弒臣〉

我們試舉〈姦劫弒臣〉裡的評論爲例：

> 治國之有法術賞罰，猶若陸行之有犀車良馬也，水行之有輕舟便檝也，乘之者遂得其成。伊尹得之，湯以王；管仲得之，齊以霸；商君得之，秦以強。此三人者，皆明於霸主之術，察於治強之數，而不以牽於世俗之言。適當世明主之意，則有直任布衣之士，立爲卿相之處；處則治國，則有尊主廣地之實：此之謂足貴之臣。湯得伊尹，以百里之地立爲天子。桓公得管仲，立爲五霸主，九合諸侯，一匡天下。孝公得商君，地以廣，兵以強。故有忠臣者，外無敵國之患，內無亂臣之憂，長安於天下，而名垂後世，所謂忠臣也。

> 若夫豫讓爲智伯臣也，上不能說人主使之明法術度數之理，以避禍難之患；下不能領御其眾，以安其國。及襄子之殺智伯也，豫讓乃自敗其形容，以爲智伯報襄子之仇。是雖有殘形殺身以爲人主之

名，而實無益於智伯若秋毫之末。此吾之所下也，而世主以爲忠而
高之。古有伯夷叔齊者，武王讓以天下而弗受，二人餓死首陽之陵。
若此臣者，不畏重誅，不利重賞，不可以罰禁也，不可以賞使也。
此之謂無益之臣也，吾所少而去也，而世主之所多而求也。

依韓非的觀點，伊尹、管仲、商鞅，都深知稱王致霸的方法，洞
悉安民強國的道理，治理國家善用法術賞罰，且有提高君主名望，
擴大國家領土的實效。商湯獲用伊尹，以百里的諸侯做了天子。齊
桓公獲用管仲，成爲春秋五霸的首位，屢次召集諸侯會盟，使動亂
的天下漸有秩序。秦孝公獲用商君，土地日益廣大，軍隊日益強勁。
韓非以商湯舉用伊尹，齊桓公重用管仲，秦孝公任用商君，對外沒
有敵國侵略，內沒有姦臣亂政，國家強固，君主聲名長留後世的實
際政績，因而認定伊尹、管仲、商君爲「值得尊重的大臣」、「忠
臣」。

至於豫讓臣事智伯，對上不能勸使君主認清法度的道理，以避免
災難；對下不能領導臣庶，以安定國家。等到趙襄子誅滅智伯，豫
讓卻自行刺字割鼻，毀壞形象，而爲智伯報仇。這雖有殘毀形象、
犧牲生命報效君主的名譽，可是實際對智伯沒有絲毫的益處，這是
韓非所鄙薄的官吏。

又如，古代有伯夷、叔齊兩兄弟，周武王把天下讓給他們，他們
不肯接受，後來餓死在首陽山。像這種臣下，不畏懼嚴厲的誅罰，
不貪優厚的賞賜，不能用誅罰禁阻，也不能用賞罰使令，因而認定
伯夷、叔齊爲「無益之臣」。

二、〈說疑〉

我們再舉〈說疑〉篇裡的評論爲例：

　1.昔者有扈氏有失度，讙兜氏有孤男，三苗有成駒，桀有侯侈，

紂有崇侯虎，晉有優施。此六人者，亡國之臣也。……

2.若夫許由、續牙、晉伯陽、秦顛頡、衛僑如、狐不稽、重明、董不識、卞隨、務光、伯夷、叔齊——此十二人者，……此之謂不令之民也。

3.若夫關龍逢、王子比干、隨季梁、陳泄冶、楚申胥、吳子胥——此六人者，皆疾爭強諫以勝其君。……如此臣者，先古聖王皆不能忍也，當今之時將安用之？

4.若夫齊田恆、宋子罕、魯季孫意如、晉僑如、衛子南勁、鄭太宰欣、楚白公、周單荼、燕子之——此九人者之為其臣也，皆朋黨比周以事其君，隱正道而行私曲，上逼君，下亂治，援外以撓內，親下以謀上，不難為也。如此臣者，唯聖王智主能禁之，……

5.若夫后稷、皋陶、伊尹、周公旦、太公望、管仲、隰朋、百里奚、蹇叔、舅犯、趙衰、范蠡、大夫種、逢同、華登——此十五人者……此謂霸王之佐也。

6.若夫周滑伯、鄭公孫申、陳公孫寧、儀行父、荊芋尹、申亥、隨少師、越種干、吳王孫頟、晉陽成泄、齊豎刁、易牙——此十二人者之為其臣也，皆思小利而忘法義，進則揜蔽賢良以陰闇其主，退則撓亂百官而為禍難……，有臣如此者，皆身死國亡，為天下笑。

每一組裡，我們各舉兩例，以利說明。

（一）亡國之臣

1.紂有崇侯虎：

崇，商朝國名。在現在陝西省鄠縣東。崇侯虎曾向商紂讒毀西伯昌。

2.晉有優施：

春秋時，晉獻公有俳優名施，和夫人驪姬私通，替她設計殺害世子申生，逐走公子重耳和夷吾，立奚齊繼承君位，而造成晉國的動亂。

韓非認為這類的人，能把好事說成壞事，壞事說成好事；內心姦險而凶惡，許多小節卻謙和而恭謹，以顯示自己的良善；善於控制君主，暗中包攬事權，並利用君主的嗜欲予以惑亂。因而稱之「亡國之臣」。

（二）不令之民

1.卞隨、務光：

卞隨、務光，都是夏商間的高士。商湯滅夏，以天下讓卞隨，卞隨不受，自投於桐水而死。又讓務光，務光負石自沈於盧水。

（事見《莊子·讓王》）

2.伯夷、叔齊：

伯夷、叔齊是商朝末年孤竹國君主的長子和三子。父親死時，遺命由叔齊繼承君位。於是兄弟互相推讓，相繼出走，投奔西伯姬昌（後追尊為周文王）。西伯死後，他的兒子姬發伐紂，伯夷、叔齊攔住他的馬車勸諫。姬發不聽勸，滅紂，自為天子，為周武王。伯夷、叔齊認為這是可恥的事，便不食周朝的俸祿，餓死在首陽山。

韓非認為這類的人，有的在巖穴隱遁而死，有的在田野寂寞而死，有的在山谷飢餓而死，有的在泉流沈溺而死。他們有獨特的人生價值抉擇，遇到不當的利益不喜歡，君主雖然給予豐厚的賞賜，不能勸勉；遇到災難不畏懼，君主雖然使用嚴厲的刑罰，也不能威迫。因而稱之「不令之民」。

（三）無用之臣

1.王子比干：

比干，商紂的叔父，封於比，所以稱爲比干。商紂無道，比干強諫，商紂忿怒地說：「我聽說聖人的心有七竅。」便把比干殺死，剖出他的心來觀看。

2.吳子胥：

子胥，姓伍名員，春秋時楚國人。父親伍奢，哥哥伍尙，都被楚平王殺死。子胥逃到吳國，輔佐吳王闔廬攻入楚國的首都，後又輔佐吳王夫差，戰勝越國。越王夫差應允越王勾踐請和，子胥勸諫不聽。吳太宰嚭受了越國的賄賂，讒害子胥，夫差賜以劍令其自殺。

韓非認爲這類的人，用急切、強烈的爭辯以說服國君。言語被採納，事情能實行，就像師徒意見的融合；一句話不採納，一件事不實行，就用言語欺凌君上，用威力脅迫君主。這樣的官吏，古代的聖王都無法忍受，現在的君主，還能怎樣任使他們呢？

（四）朋黨比周之臣

1.齊田恆：

春秋時，陳公子完以國難逃到齊國，改姓田氏，他的子孫世世代代爲齊卿。傳到田恆（《左傳》作陳恒，《史記》作田常），弒齊簡公，立平公，專攬齊國的政權（田恆奪政的手腕，可詳見〈二柄〉篇）。田恆曾孫和列爲諸侯，和的兒子午併吞齊國。

2.宋子罕：

子罕，戰國時宋國相，即皇喜，字子罕。弒宋君而奪取政權。[7]

韓非認爲這類的人，都是勾結黨羽來事奉君主，專憑私意做事，不顧正道，對上脅迫君主，對下敗壞政治，援引外力，控制臣下，圖謀君上。這樣的官吏，只有賢明的君主才能制止，昏亂的君主只

---

7 詳見林金龍：《韓非子書中史事考辨》「宋司城子罕殺宋君而奪其政」，頁184-192，民國78年，必中出版社，台中。

有被奪權一途。因而韓非稱之爲「朋黨比周之臣」。

（五）霸王之佐

1.周公旦：

周公，姓姬，名旦，周武王的弟弟，輔佐武王滅商。成王即位，年幼，周公攝政，平定武庚的叛亂和東方諸國。又改定官制，創制禮樂，周朝的文物大爲完備。始封於周，所以稱爲周公。後封於曲阜，爲魯國的始祖。

2.太公望：

太公，本姓姜，先代封在呂地，子孫又以呂爲氏，名尚，或謂名望，字尚父。太公，大概是齊人對他的追稱。西伯昌訪於渭濱，立以爲師；武王尊爲師尚父。武王滅紂，多半是呂尚的謀略。封於齊國。

韓非認爲這類的人，辛勤奮勉，嚴明刑罰，整飭政務，以事奉君主。貢獻善言，貫徹政令；建立事業，成立功德，卻不張揚自己的功勞。以爲君主像青天泰山那樣崇高，以爲自己像塹谷釜鍑的鄙薄，像這樣的官吏，是真正「霸王的助手」。

（六）諂諛之臣

1.豎刁：

豎刁，春秋時齊國人，因齊桓公好女色，便自行去勢到宮裡服務，以接近齊桓公。

2.易牙：

易牙，也是春秋時齊國人。善調味，把自己的長子殺死，加以烹調，獻給齊桓公，桓公用爲廚夫，很受寵信。

齊桓公晚年，近用豎刁、易牙、開方，到臨死的時候，易牙、豎刁殺群吏，而立公子無詭做君主。太子昭逃往宋國。五公子爭奪君位，互相攻打，桓公的屍首停在牀上六十七天，沒人爲之入斂，屍

蟲爬出戶外。

　　韓非認為這類的人，都是謀求小利而忽視國法和公理，在朝就阻阨賢良，蒙蔽君主，在野就破壞庶政，製造禍亂。他幫助君主滿足欲求，為討君主歡喜，即使毀滅國家，殺戮眾人，也會去做。君主有這種「諂諛之臣」，往往會國亡身死，被天下人嗤笑。

第三節　韓非子對各學派之評論

　　韓非對於春秋戰國時代的法家思想，有批判也有繼承，身為法家集大成的他，不僅確立一家之言，並對當時儒墨兩家學派，肆力抨擊，同時也痛批學者、言談者（指說客和縱橫家）、帶劍者（指游俠和墨家的流裔）、患御者（指近幸之人）、商工之民。在〈顯學〉、〈五蠹〉兩篇中，可看到他犀利的評論。[8]

　　〈顯學〉，主旨在駁斥儒墨兩家的學說，凸顯法家學說之正確性。其首先抨擊儒墨兩家學說，雜亂矛盾，真偽難定。次言儒俠談論之士，不足信用。並強調德厚不足止亂，威勢始能禁暴，然後提出「明吾法度，必吾賞罰」的辦法。最後主張明主舉實事，去無用，不道先王之仁義，不聽學者之言談。求賢適民，都是禍亂的根源，不可不慎。

　　〈五蠹〉，主旨是由「演變的歷史觀」，推出法治論。認為「時異則事異，事異則備變」，主張「以法為教，以吏為師」，「尊耕戰之士，除五蠹之民（學者、言談者、帶劍者、患御者、商工之民）」。

　　以下我們擇要將之分為對儒家、墨家、名家、縱橫家、俠客的評論：

　　一、儒　家：1.儒——以文亂法。

---

8 參見鄭良樹：《韓非之著述及思想》，頁 517-519，台灣學生書局，台北。

2.儒者——破家而葬，服喪三年，大毀扶杖，葬禮太侈。不講現實國的方法，反而追論已經過去的古人治國功績；不考察政治的狀況、姦邪的情況，反而稱道上古流傳下來的美名和先王的成功。

3.學者——稱述先王之道，憑藉仁義的學說，整飾容貌衣冠，粉飾其花言巧語，以疑當世之法，而熒亂人君。

4.仁義不可以爲治。

二、墨　家：1.桐棺三寸，服喪三月，喪禮太儉。

2.言雖纖察而不可以爲官職之令。（〈八說〉）

三、名　家：1.言談者——專務於辯詞，不切實際。

四、縱橫家：1.言古者——陳設假話，假借外國勢力，以達到自己的私利。

2.縱家——救援小國未必做得到，但是，卻挑逗戰事，使大敵當前。

3.橫家——事秦爲橫，秦未必踐約，可是，首先已委棄國土和喪失主權了。

五、俠　客：1.俠——以武力侵犯禁條。

2.帶劍者——聚合徒眾，特立名節，以顯揚自己聲名，觸犯五官的禁令。

　　韓非是個抱持「歷史演變觀」的人，認爲「時異則事異，事異則備變」，所以對於思想落伍不符時代潮流者、自私自利者、不合他的現實主義思想者，均在他的批評之列。〈顯學〉這一段，更以巧妙的譬喻，作了主觀而又獨到的評斷：

　　　磐石千里，不可謂富；象人百萬，不可謂強。石非不大，數非

不眾也，而不可謂富強者，磐石不生粟，象人不可使距敵也。
今商官技藝之士，亦不耕而食，是地不墾，與磐石一貫也。儒、
俠毋軍勞，顯而榮者，則民不使，與象人同事也。夫知禍磐石
象人，而不知禍商賈儒俠為不墾之地、不使之民，不知事類者
也。

韓非把商賈、工匠喻為石塊，把儒生、俠士喻為木俑，認定他們即
使人數再多，也無益於世。

　　以上為韓非對各學派的評論。韓非基本上許多思想源於道家，所
以秉著一份崇敬之心，韓非對於老莊並未有批判之語。而對前輩法
家的批評部份則留待後面章節再行討論。

第四章　韓非子思想與歷史之關係

　　我們在〈導論〉已清楚交代，今本《韓非子》五十五篇去掉〈初見秦〉篇及〈存韓〉篇後半部，還有五十三篇及〈存韓〉前半篇。這五十三篇半的《韓非子》就是本書研究的範圍或「文本」。

　　在前面章節，對於韓非如何徵引歷史；又爲何要徵引歷史；韓非如何批評歷史及對歷史人物之評論，已一一作了敘述。我們發現韓非對於歷史之熟稔，分析史事之深刻，應用歷史之精鍊，表現史識之卓絕，誠非先秦諸子之所能冀。太史公稱之爲「切事情，明是非」[1]，至爲公允。近代英國著名歷史哲學家柯靈烏（R. G. Collingwood）說：「歷史知識的正統對象是思想」；「一切歷史都是思想的歷史」（黃宣範譯柯靈烏著《歷史的理念》頁 306，余英時《歷史與思想》自序頁 7）。我們又發現，韓非的歷史知識，對其哲學思想之形成，極爲密切。本章試就此一課題，作進一步探討。

第一節　徵史之標準與數目

　　判定史事的標準不同，計算《韓非子》徵引史事的數目也必然不同。

　　鄭良樹《韓非之著述及思想》對〈解老〉、〈喻老〉兩篇徵引歷史故事的數目有過統計。我們就拿他的統計數目和我們的統計數字做一比對。

---

1 司馬遷：《史記・老子韓非列傳》。

鄭先生說：

「〈解老〉一共解說了十一章《老子》的文字，它們分別是一、
十四、三十八、四十六、五十、五十三、五十四、五十八、五
十九、六十及六十七……〈解老〉在解說《老子》文時，幾乎
全是採用文字說理的方式；全篇解說《老子》十一章之中，只
在開首解說第三十八章『愚之首也』、『前識者，道之華也而
愚之首也』時，徵引了『詹何坐，弟子侍』的一則故事外，其
他解說《老子》各章毫無例外地都用文字說理。」[2]

鄭良樹認爲韓非在〈解老〉篇，只徵引了「詹何坐，弟子侍」這一
則故事。這與我們的看法不同。我們認爲〈解老〉篇徵引歷史故事
有十一則，連被解說的《老子》十一章原文，一共二十二則史事。
我們和鄭先生的看法差異如此之大，也許癥結在「標準不同」或「可
能漏列」。

　　在鄭先生的書中，沒有發現他對「歷史」一詞的界定。也就是他
沒有明說判定「史事」的「標準」。而我們在〈導論〉「歷史定義」
一節已提出六項要件作爲「標準」。六要件即 1.過去的時空；2.發生
的事實或經驗；3.有關個人、社會、國家或世界的事實或經驗；4.包
括政治、社會、經濟、法律、思想、文學等等構成文化各方面的事
實或經驗；5.有文字記載；6.成爲歷史資料的事實。凡合乎這六要件
的就是歷史；否則不是。拿這一標準檢查〈解老〉篇的史事如下：
「詹何坐，弟子侍」是一則。「倚頓、陶朱之富」，此句敘述兩人
事跡，是兩則。因爲《孔叢子》記載「猗頓（倚頓）貲擬王公，馳
名天下」[3]，《史記》記錄「猗頓用盬鹽起，與王者埒富。」又云：

---

2 鄭良樹：《韓非之著述及思想》，頁 213，1993 年，台北，台灣學生書局。
3 《孔叢子》云：「猗頓，魯之窮士也，……聞朱公富、往而問術焉。朱公曰『子欲速
富，當畜五牸。』於是乃適兩河，六畜牛羊於猗氏之南。十年之間，其息不可計，貲
擬王公，以興富於猗氏，故曰猗頓。」

「范蠡既雪會稽之恥，變名易姓，之陶爲朱公。朱公以爲陶，天下之中，諸侯四通，貨物所交易也。乃治產積居……十九年之中，三致千金，再分散與貧交疏昆弟……故言富者皆稱陶朱公。」[4] 韓非以一「富」字描述二人經歷，精要無比。兩人事跡合乎史事的標準。也許有人質疑以一字描述也算歷史嗎？我們的回答是：孔子作《春秋》不也是一字敘褒貶嗎？接著是「道與堯、舜俱智，與接輿俱狂，與桀、紂俱滅，與湯武俱昌。」此句敘述七人之特徵，算七則。因爲堯舜湯武是儒墨兩家稱譽的聖君，既仁且智，湯武的興盛，備受肯定，桀紂暴政而亡，已成定評。而《論語·微子》云：「楚狂接輿」。韓非循例也一字褒貶，當然是徵引史事。接著徵引「周公曰：『冬日之閉凍也不固，則春夏之長草木也不茂。』」算一則。因爲戰爭、政治、朝代興替固然是史事，思想、學術也是史事，不然怎麼會有思想史、學術史呢？言論屬思想，諸子的言論是思想，周公之言也是思想，都是「過去發生的事實」或「人類過去的行爲（言、行）」或「人類經驗的記錄」或「成爲歷史資料的事實」，完全符合歷史的標準。所以韓非引用周公之言是史事，引用孔子之言是史事，引用老子、商鞅、申不害之言都是史事。〈解老〉詮釋十一章《老子》之言，就是徵引十一則史事。加起來算〈解老〉篇徵引史事共二十二則，不是鄭良樹說的只徵引一則故事。

　　下面再以〈喻老〉篇引史的數目做比對。

　　鄭先生認爲〈喻老〉篇解說《老子》的文字十二章，徵引二十四則歷史故事，並製表如下：[5]

---

4 《史記·貨殖列傳》記載朱公與猗頓如何治產致富之事。
5 鄭良樹：《韓非之著述及思想》，頁214。

〈喻老〉解說老子各章徵引歷史故事一覽表

解說的篇章	徵引的歷史故事	筆者案語
四十六	1.翟人獻豐狐玄豹之皮 2.智伯兼范、中行攻趙 3.虞君欲屈產之乘	案：1 則下漏列「治國者以名號爲罪，徐偃王是也」一則
五十四	4.楚莊王勝晉於河雍	
二十六	5.主父身輕天下	
三十六	6.簡公失之於田成 7.晉公失之於六卿 8.越王入宦於吳 9.晉獻公將襲虞	案：9 則下漏列「知伯將襲仇由，遺之以廣車」一則 案：9 與 3 應合爲一則
六十三	10.白圭行隄 11.扁鵲見晉桓公	
六十四	12.晉公子重耳出亡過鄭	
五十二	13.紂爲象箸 14.勾踐入宦於吳	案：14 則後漏列「文王見詈於玉門。」
七十一	15.越王不病宦 16.武王不病詈	
六十四	17.宋鄙人得璞玉 18.王壽負書而行 19.宋人有爲其君以象爲楮葉者	案：19 則後漏列「列子聞之曰……」一則
四十七	20.趙襄王主學御	案：20 則後漏列「白公勝慮亂」一則
四十一	21.楚莊王一鳴衝天	案：「衝天」應作「驚人」
三十三	22.楚莊王欲伐越 23.子夏見曾子	
二十七	24.周有玉版	

上表我們加「筆者案語」一欄，用來指出鄭先生「漏列」史事的情

形。該欄指出漏列五則史事。又四十六章「虞君欲屈產之乘」，是
就「被襲者」言，而三十六章「晉獻公將襲虞」，是就「襲者」言，
本為同一歷史的重複徵引，應算一則[6]。鄭先生說〈喻老〉徵引歷史
故事二十四則。應該是二十三則。加上漏列的五則，再加上徵引《老
子》原文十二章，一共四十則才對。

　　所以說，「標準不同」，則判定徵引史事的數目必然互有差異，
又有「重複徵引」及「可能漏列」的情況發生。不過，我們還是須
要對《韓非子》徵引歷史的數目，做出正確的統計。茲據前文「歷
史定義」六要件統計如下表：

《韓非子》各篇徵史則數表

篇　　　次	篇　　　名	徵史則數	傳說異聞則數	寓言則數
第　二　篇	存韓	3	0	0
第　三　篇	難言	25	0	0
第　四　篇	愛臣	6	0	0
第　五　篇	主道	0	0	0
第　六　篇	有度	4	0	0
第　七　篇	二柄	8	0	0
第　八　篇	揚權	1	0	0
第　九　篇	八姦	0	0	0
第　十　篇	十過	14	0	0
第十一篇	孤憤	2	0	0

---

6 晉襲虞之史事，〈喻老〉篇重複徵引四次：解說《老子》四十六章兩次，即「以城與
地為罪，虞號是也。」、「虞君欲屈產之乘與垂棘之璧，不聽宮之奇，故邦亡身死。」
三十六章一次，即「晉獻公將欲襲虞，遺之以璧焉。」六十四章一次，即「晉獻公以
垂棘之璧假道於虞而伐號，大夫宮之奇諫曰：『不可。唇亡而齒寒，虞號相救，非相
德也。今日晉滅號，明日虞必隨之亡。』虞君不聽，受其璧而假之道。晉已取號，還
反滅虞。」前兩次就「被襲者」敘述；後兩次則從「襲者」敘述，其實所說的是同一
件史事。此一史事詳載於《左傳》僖公二年、五年傳。這是韓非重複徵引史事的例子。

第十二篇	說難	5	0	1
第十三篇	和氏	3	0	0
第十四篇	姦劫弒臣	16	0	0
第十五篇	亡徵	0	0	0
第十六篇	三守	0	0	0
第十七篇	備內	4	0	0
第十八篇	南面	5	0	0
第十九篇	飾邪	22	0	0
第二十篇	解老	22	0	0
第廿一篇	喻老	40	0	1
第廿二篇	說林上	30	1	3
第廿三篇	說林下	28	1	6
第廿四篇	觀行	6	0	0
第廿五篇	安危	11	0	0
第廿六篇	守道	8	0	0
第廿七篇	用人	3	0	0
第廿八篇	功名	0	0	0
第廿九篇	大體	0	0	0
第卅篇	內儲說上	37	13	2
第卅一篇	內儲說下	48	6	2
第卅二篇	外儲說左上	38	5	13
第卅三篇	外儲說左下	31	7	3
第卅四篇	外儲說右上	21	14	1
第卅五篇	外儲說右下	20	13	2
第卅六篇	難一	19	0	1

第卅七篇	難二	24	0	0
第卅八篇	難三	25	0	0
第卅九篇	難四	31	0	0
第四十篇	難勢	8	0	1
第四一篇	問辯	0	0	0
第四二篇	問田	8	0	0
第四三篇	定法	6	0	0
第四四篇	說疑	88	0	0
第四五篇	詭使	1	0	0
第四六篇	六反	5	0	0
第四七篇	八說	7	0	0
第四八篇	八經	0	0	1
第四九篇	五蠹	20	0	0
第五十篇	顯學	22	0	0
第五一篇	忠孝	12	0	0
第五二篇	人主	5	0	0
第五三篇	飾令	0	0	0
第五四篇	心度	0	0	0
第五五篇	制分	0	0	0
計		742	60	37
共計	742+60+37=839			

第二節　韓非子徵史廣博

在〈導論‧研究範圍〉裏我們已聲明，我們研究的「文本」就是五十三篇半的《韓非子》。這五十三篇半的《韓非子》，沒有徵引

史事，純粹出於韓非之文字議論的只有十一篇，即：〈主道〉、〈八姦〉、〈亡徵〉、〈三守〉、〈功名〉、〈大體〉、〈問辯〉、〈八經〉、〈飾令〉、〈心度〉以及〈制分〉等篇。約佔全書的四分之一弱。其他的四十二篇半都有徵引歷史故事。一篇之中徵引歷事超過二十則的，有十一篇；超過三十則的，有十篇；超過四十則的，有六篇；超過五十則的，有四篇。在一篇當中徵引歷史故事，也有高達八十八則的，如〈說疑〉篇便是。

《韓非子》一書除了徵引歷史故事之外；有時也徵引傳說異聞，多用「一曰」開頭；有時也徵引寓言故事，甚至野諺俚語也在網羅之列，讀來有趣味橫生之感。五十三篇半的《韓非子》文本中，除了上面所列十一篇沒有徵引史事外，我們將其他四十二篇半的文字，做一次粗略的統計，一共徵引史事 742 則。去其重複徵引部分約三分之一，約可得 500 則。加上 60 則傳說異聞，37 則寓言故事，總數約為 600 則。觀之諸子群書，沒有一本子書能出其右。

我們不敢說，我們的統計絕對正確。必須再次強調：因為標準不同，計數互異；或同歸一事，重複徵引；或有所漏列，數目偏少。這些因素都會左右統計結果的正確性。

比較特殊的篇章，如〈解老〉通篇徵引十一則歷史故事，來詮釋《老子》十一章的道家思想；〈喻老〉則通篇徵引二十八則歷史故事，來譬喻老子的微妙義理。如〈內儲說上下〉、〈外儲說左上下〉、〈外儲說右上下〉等六篇，共徵引了二百七十五則歷史故事，來闡述法家的思想。其中包括前輩法家思想和韓非自己的思想。如〈難一、二、三、四〉篇，一共徵引了九十九則歷史故事，來批評歷史，也批評歷史人物，其中也包括前輩法家人物。又如〈說林上〉通篇記錄歷史故事三十則，傳說異聞一則，寓言故事三則；〈說林下〉也通篇計錄歷史故事二十八則，傳說異聞一則，寓言故事六則。這

兩篇都詳細記錄史事的始末，不加評論。應該是一種歷史集錦，是韓非的參考資料或備忘錄。如〈說疑〉篇全文 2643 字，徵引歷史故事八十八則，平均每三十字徵史一則，其中徵引歷史人物八十七人之多。又如〈難言〉篇，全文短短 617 個字，就徵引了二十五則歷史故事，平均每二十五字徵史一則。其中出現的歷史人物，就有如下二十九人：

　　帝王：湯、紂、文王。

　　諸侯：翼侯、鬼侯、比干、梅伯。

　　將相：伊尹、孫子、傅說、吳起、公叔痤、公孫鞅、管仲、范雎、伊尹。

　　大夫：萇宏、仲尼、子胥、曹羈、伯里子、關龍逢、田常、子期、田明、西門豹、董安于、宰予、宓子賤。

　　依身份分，二十九人之中有帝王、有諸侯、有將相、士大夫。照朝代分，有商朝、西周、春秋和戰國的歷史人物。僅僅六百多字的短文，韓非就徵引這麼多史事，羅列這麼多歷史人物，其目的無非在加強他的論點之可信度，或證成他的思想之正確性。

　　韓非對於先秦典籍，大抵經過消化吸收，融入他的思想觀念之中。但也有直接徵引古籍文字，開頭為書名有如「書曰」、「周書所謂」、「詩云」、「周記曰」、「記曰」、「其在記曰」、「春秋記曰」、「桃兀春秋曰」、「本言曰」；也有沒說書名的，如「先聖有言曰」、「先王之法曰」、「故曰」、「語曰」；也有徵引傳聞的，如「上古之傳言」、「臣之所聞曰」；諺語也在網羅之列，如「鄙諺曰」、「先聖有諺曰」等等，不一而足。至於徵引歷史人物之言語，更是不勝枚舉。

　　韓非是先秦諸子的後出者，對於諸子的思想非常精熟，而且有所取捨消融於自身血液之中，滋養他哲學理論的成長。「沈浸醲郁，

含英咀華，作爲文章，其書滿家。」[7] 韓愈這句自況之言，以之說明韓非得益於諸子情狀，再恰當不過。出現於《韓非子》本文的先秦諸子如下：

> 儒家：孔子、曾子、子貢、宰予、子路、葉公子高、子夏、子
> 　　　張、子思、顏淵、孟軻、漆雕子、仲良、荀卿、樂正子
> 　　　春、子冉、子羽、子賤。
>
> 墨家：墨子、相里氏、相夫氏、鄧陵氏、田鳩。
>
> 道家：老子、文子、列子、楊朱、莊子、詹何、陳駢、魏牟。
>
> 法家：管子（儒、法）、子產（儒、法）、李悝、吳起（兵、
> 　　　法）、商鞅、申不害、慎到（道、法）、處子。
>
> 名家：鄧析、宋牼（宋鈃、宋榮子）尹文、惠施、兒說、公孫
> 　　　龍。
>
> 兵家：孫臏、龐援。
>
> 陰陽家：鄒衍。
>
> 縱橫家：張儀、蘇秦、蘇代。

班固〈漢書藝文志諸子略〉所謂諸子十家，以上這張名單除了農家、小說家之外，其餘八家皆已囊括殆盡。《韓非子》文本，對諸子學術包羅之廣，已可概見。歷來只說韓非集法家之大成，應該說韓非集諸子之大成。

精讀《韓非子》文本，可以看出韓非真是一位既好學又能深思之人，其文辭之瑰瑋，說理之透闢，論證之嚴謹，徵史之廣博，著實令人驚歎！太史公說韓非「善著書」[8]；劉彥和說：「韓非著博喻之富」[9]，洵爲的論。

---

7 韓愈：《進學解》。

8 《史記·老子韓非列傳》。

9 劉勰：《文心雕龍·諸子》，1963年，台灣開明書店。

　　有些人認爲《韓非子》徵引歷史故事雖然繁多，但往往是出自韓非編造的，因爲許多史事不見現存史書，或與現存史書記載不同。此言過於武斷，不能不辯。我們的看法是，韓非看到的古籍後來亡逸了，所以不見於現存史書。例如〈詭使〉篇所引的「《本言》曰……」，《本言》乃韓非讀過的古書名，今已不存。此其一。至於韓非所引史事與現存史書記載有異，也不能斷言韓非造假。合理的解釋應是：韓非所見古籍版本與現存版本不同，這是常有的事。以《墨子》一書爲例，墨子引《詩》十則：可是不見今本《詩經》者四則；與今本《詩經》次序不同者三則；與今本《詩經》字句不同者二則；與今本《詩經》從同者一則。引《書》二十九則：但是篇名文字俱不見《今古文尚書》者十四則；篇名文字與《今文尚書》不同者一則；文字不見《今文尚書》者六則；引〈泰誓〉而不見今本〈泰誓〉者二則；引〈泰誓〉而與今本有出入者二則；與《今文尚書》略同者三則；附引《詩》《書》不明者一則。[10]可見墨子徵引的古書，十之八九不見於今本或與今本不同，比之韓非徵史的情況更甚。然而無人敢懷疑墨子，不過有些人會說韓非作假，難道因爲墨子質樸務實而見信，韓非崇法用術而見疑，豈不是有因人廢言之謬乎！此其二。最重要的一點是，韓非爲文論說是給當時之韓王看的；或給他同時代的人看的，而不是給後代的人閱讀的。同時代的人，對於當時發生的事件，或離他們不遠的史事都很熟悉，韓非爲了提出自己的論點，卻故意編造僞證，示人以破綻，不辯而先敗，天下豈有是理乎？此其三。我們認爲以上這三點理由，已足以釋疑。

　　然而，我們注意的不在韓非徵史的真僞之上。本文注意的是與其哲學思想有何關係？，韓非擁有這麼多歷史經驗和知識，下面一節

10　羅根澤編著《古史辨》第四冊，頁281，〈由墨子引經推測儒墨兩家與經書之關係〉，
　　1970年重印北平樸社版，明倫出版社，台北。

專就這方面進行探討。

第三節　韓非子主要觀念的歷史背景

布魯格（W Brugger）編著《西洋哲學辭典》云：

Experience　經驗

通常，經驗指由對人對事的許多交往而得的知識，……我們的
一切原始概念均由經驗而生；以這一意義而言，一切思想均與
經驗有關。尤其是有關事物存在的認識，或者直接由經驗而
生，或者由經驗推斷而知。[11]

Empiricism　經驗論，經驗主義

經驗論或經驗哲學，就是認為經驗是唯一知識源流的一種看
法。……毫無疑問地，我們所有的知識都是由經驗開始，並且
以某些方式受到經驗的限制。[12]

由此定義可以確知，知識的源流在經驗，經驗是思想的基礎，一
切思想都與經驗有關。韓非徵史廣博，可見韓非擁有豐贍的歷史經
驗和歷史知識。韓非的歷史經驗和歷史知識與其思想是否有關。中
央研究院院士余英時教授有一本著作爲《歷史與思想》，這一書名
正給了肯定的答案。柯靈烏說得很明確，他說：「一切歷史都是思
想的歷史。」（余英時《歷史與思想》自序）。

我們的研究發現，韓非從豐富的歷史經驗中獲取「教訓或知識」，
形成自己的思想或融入自己的思想之中，然後表現在批評時政或批
判歷史，有時也品論歷史人物，而在這同時也提出他自己的理論觀
點。無論韓非在做評論或提出自己的論點，我們發現韓非的哲學思

---

11 W Brugger : Philosophisches Wörterbuch，項退結教授依第十三版編譯成《西洋哲學辭
典》，頁 117，1976 年，國立編譯館。原書由西德、美國、意大利、奧地利、瑞士及
日本等六國三十四位教授合撰。這是目前中文世界最好的一本西洋哲學辭典。

12 項退結編譯：《西洋哲學辭典》，頁 98。

想都有其深厚的歷史背景在。底下我們舉出韓非哲學思想的主要觀念來做考察。

一、主道

荀子有〈君道〉，韓非的〈主道〉不傳承乃師的禮義之說，卻取向於道家的虛靜無為，配合法家的法術運用，近乎黃老之旨。

韓非在〈功名〉篇說：「明主守自然之道」。〈大體〉篇說：「因自然」，〈解老〉篇說：「聖人……體天地之道」。所謂「天地之道」、「自然之道」，就是〈揚權〉說的「虛靜無為，道之情也」，或〈解老〉說的「凡道之情，不制不形」。「不制」就是「無為」，「不形」就是「虛靜」。「有道之君貴靜」、「聖人……貴處靜」（〈解老〉），所以韓非在〈主道〉篇倡言「明君無為於上」，「人主靜退以為寶」。韓非在〈解老〉篇徵引《老子》第三十八章「上德無為而無不為」，第六十七章「不敢為天下先，故能為成事長」，加以詮釋；在〈喻老〉篇徵引歷史譬喻《老子》第六十四章「恃萬物之自然而不敢為也」。韓非說的「因自然」、「無為」、「靜退」，表面看好像承受了老子的思想。然而，老子主張聖人虛靜無為，重點在勸執政者不干預，順任人民自我發展。《老子》第三十章就說：

> 道常無為而無不為。侯王若能守之，萬物將自化。化而欲作，
> 吾將鎮之以無名之樸。無名之樸，夫亦將無欲。不欲以靜，天
> 下將自定。

「無名之樸」的「無名」指「道」，「樸」，形容「道」的真樸。「道常無為而無不為」意謂：「道」是永遠順任自然（不妄為），然而任何事卻無一不是它所為。「侯王若能守之」的「之」指「無為」的「道」。侯王如能無為，那麼萬物就能自生自息，天下自然歸於安定。第五十七章更明白的說：

> 聖人云：「我無為，而民自化；我好靜，而民自正；我無事，
> 而民自富；我無欲，而民自樸。」

「好靜」、「無事」、「無欲」就是「無為」。統治者「無為」，
因而人民就能「自化」、「自正」、「自富」、「自樸」。這是老
子自然天道觀在政治層面的應用理論。

韓非處在「爭於氣力」的時代，諸侯攻伐兼併，國君要求的是富
國強兵，老子自然規律的理論無異於烏托邦的理想，不能運作，無
法落實。這點韓非當然了解，所以他把「無為而無不為」創造轉化
成「術」的運用。即〈揚權〉篇說的「君臣不同道」，〈主道〉說
的「臣有其勞，君有其成功」。韓非「君臣不同道」的思想，有其
歷史淵源。首先是《管子‧明法》說的：「君臣共道則亂」。《管
子‧心術上》說：「人主者立於陰，陰者靜，故曰動則失位。陰則
能制陽矣，靜則能制動矣。故曰靜乃自得。」又說：「心術者，無
為而制下也。」「靜能制動」、「靜乃自得」，所以韓非說：「有
道之君貴靜」。「無為而制下」，所以韓非說「明君無為於上，群
臣竦懼乎下。」學界已認定〈心術〉篇屬黃老之學，可見韓非有受
黃老的影響。其次是《莊子‧天道》云：

> 夫帝王之德……以無為為常。無為也，則用天下而有餘；有為
> 也，則為天下用而不足。故古之人貴夫無為也。上無為也，下
> 亦無為也，是下與上同德，下與上同德則不臣；下有為也，上
> 亦有為也，是上與下同道，上與下同道則不主。上必無為而用
> 天下，下必有為為天下用，此不易之道。

「上與下同道則不主」，「不主」即不像君主。也就是要上下不同
道，即「上必無為」「下必有為」。再次是受到慎到的影響。慎到
是稷下先生，「學黃老之術」，其《慎子‧民雜》說：

> 君臣之道，臣有事而君無事也，君逸樂而臣任勞，臣盡智力以

善其事，而君無與焉，仰成而已，故事無不治，治之正道然也。韓非雖未徵引《莊子·天道》、《慎子·民雜》這兩段文字，然〈主道〉的「明君無為於上」，〈揚權〉的「君臣不同道」，〈功名〉的「臣主同欲而異使」，與〈天道〉篇這段文字的旨意相同。而〈主道〉說的「臣有其勞，君有其成功」，正是〈民雜〉篇這段文意的濃縮。這是韓非取其意不取其句的技倆表現。

韓非把老子自然天道觀的無為，轉化成「無為術」的統治方法（主道），主要是承受申不害的歷史影響。主道虛靜無為，可分三方面說明：即（一）君主自為；（二）君主御臣；（三）君主任人。

（一）君主自為

「虛靜無為」並非君主毫無作為，而是君主有其自為的。君主的自為即：「君無見（現）其所欲」和「君無見（現）其意」。前者指的是「去好去惡」、「去舊」；後者指的是「去智」、「去賢」和「去勇」。〈主道〉篇歸納為「函掩其跡，匿其端，下不能原」；「去其智，絕其能，下不能意」。前句意謂：君主掩蓋著他的心跡，藏匿著他的念頭，群臣就不能推測君主的心情。後句是說：君主去掉他的智慧，放棄他的才能，群臣就不能臆測。

為什麼君主要「掩跡匿端」來表現「無為」呢？韓非早已徵引申不害的話來回答這個問題。〈外儲說右上〉引：

申子曰：「上明見（見即現，下同），人備之；其不明見，人惑之。其知見，人飾之；不知見，人匿之。其無欲見，人司（伺察）之；其有欲見，人餌（誘）之。故曰：吾無從知之，惟無為可以規（窺）之。」

一曰：申子曰：「慎而（汝也，下同）言也，人且和女（汝，下同）；慎而行也，人且隨女。而有知見（現，下同）也，人且匿女；而無知見也，人且意（臆測）女。女有知也，人且臧

（匿）女；女無知也，人且行女。故曰：惟無為可以規之。」

「惟無爲可以規（窺）之」，是說君主只有無爲才能暗中看清群下的奉承、作假。韓非的話是「虛靜無事，以闇見疵」（〈主道〉）。虛靜無事就是無爲，無爲可以暗中察見群臣的毛病。申不害在〈大體〉篇更明白的說：

> 善為主者，倚於愚，立於不盈，設於不敢，藏於無事。竄（隱
> 匿）端匿跡，示天下無為。（《群書治要》卷三十六引）

善爲主者「示天下無爲」，一個「示」字就透露「無爲」不是毫無作爲，其實君主是有其自爲的，君主的自爲即「竄端匿跡」。韓非把「竄端匿跡」改說成「掩其跡匿其端」（〈主道〉）或「掩其情匿其端」（〈二柄〉）。韓非不但接受申不害的思想，連字句都承襲了。且看韓非在〈二柄〉篇的一段話：

> 人主好賢，則群臣飾行以要（會合）君欲，則是群臣之情不效
> （顯、現）；群臣之情不效，則人主無以異其臣矣。故越王好
> 勇而民多輕死；楚靈王好細腰而國中多餓人；齊桓公妒而好
> 內，故豎刁自宮以治內；桓公好味，易牙蒸其子首而進之；燕
> 子噲好賢，故子之明不受國。故君見（現）惡，則群臣匿端；
> 君見好，則群臣誣（欺罔）能。人主見欲，則群臣之情態得其
> 資（憑藉）矣。故子之託於賢以奪其君者也；豎刁、易牙因君
> 之欲以侵其君者也。其卒子噲以亂死，桓公蟲流出戶而不葬。
> 此其故何也？人君以情借臣之患也。……今人主不掩其情，不
> 匿其端，而使人臣有緣以侵其主，則群臣為子之、田常不難矣。
> 故曰：「去好去惡，群臣見素。」群臣見素，則大君不蔽矣。

韓非在此徵引了六則歷史故事，論證「君主掩情匿端，示天下無爲」的必要性。比之申不害，韓非的論據充分，說理更爲透闢有力。

（二）君主御臣

主道「虛靜無為」，為的是要御臣。御臣之方，韓非說是「服術行法」（〈亡徵〉）。這一觀點，吸納了申不害〈大體〉篇的思想。〈大體〉說：

> 明君如身，臣如手；君若號，臣若響；君設其本，臣操其末；君治其要，臣行其詳；君操其柄，臣事其常。為人君者操契以責其名。名自正也，事自定也，是以有道者自名而正之，隨事而定之也。（《群書治要》卷三十六引）
>
> 舉事為之乃有恆常之靜者，符信受，令必行之。（《北堂書鈔》卷百五十七引申子）

要了解這些話，看韓非的說辭就更明白，〈主道〉說：

> 明君……虛靜以待令，令名自命也，令事自定也。虛則知實之情，靜則知動者正。言者自為名，有事者自為形，形名參同，君乃無事焉。人主之道，靜退以為寶，是以不言而善應，不約而善會。言已應則執其契，事已會則操其符。符契之所合，賞罰之所生也。故群臣陳其言，君以其言授其事，以其事責其功。功當其事，事當其言則賞；功不當其事，事不當其言則誅。

申不害說的「君治其要，臣行其詳。君操其柄，臣事其常」；韓非在〈揚權〉篇說成「聖人執要，四方來效，虛而待之，彼自以之」。申不害說的「名自正也，事自定也」；韓非說成「令名自命也，令事自定也，言者自為名，有事者自為形」。這幾個「自」都指群臣自己。申不害說的「有道者自名而正之，隨事而定之也」；韓非則說成「群臣陳其言，君以其言授其事，以其事責其功」。申不害說的「為人君者，操契以責其名」，「符信受，令必行之」；韓非則說成「言已應則執其契（言、名），事已會則操其符（事、形）。符契之所合，賞罰之所生也。」又〈難二〉篇說：「以刑名收臣，以度量準下。」申不害在〈大體〉篇說到形名也說到法：

聖人貴名之正也。……以其名聽之,以其名視之,以其名命之。

鏡設,精,無爲而美惡自備。衡設,平,無爲而輕重自得。

韓非在〈揚權〉篇則說:「君操其名,臣效其形」,在〈飾邪〉篇則說:

> 鏡執清而無事,美惡從而比焉;衡執正而無事,輕重從而載焉。
> 夫搖鏡則不得爲明,搖衡則不得爲正,法之謂也。故先王以道
> 爲常,以法爲本。

比較申子和韓非以上的說法,句子雖有差異,意思卻同爲人主「循名責實,課群臣之能」,其間韓非承襲申子的痕跡,仍清晰可辨。只是韓非說得更深刻。

(三) 君主任人

主道「虛靜無爲」也是爲了任人。任人要有術。韓非在〈八說〉篇云:「任人以事,存亡治亂之機也,無術以任人,無所任而不敗。人君之所任,非辯智則修潔也。……無術以用人,任智則君欺,任修則事亂,此無術之患也。」韓非主張「明主治吏不治民」(〈外儲說右下〉),所以明主「所舉者必有賢,所用者必有能」(〈人主〉)。韓非在(〈八經〉)說:「下君盡己之能,中主盡人之力,上君盡人之智」。所以說,主道「虛靜無爲」,在於有術任人,有術任人,在於因智任能。〈主道〉云:

> 明君之道:使智者盡其慮,而君因以斷事,故君不窮於智;賢
> 者敕(一本作效,盡也)其材,君因而任之,故君不窮於能。
> 有功則君有其賢,有過則臣任其罪,故君不窮於名。是故不賢
> 而爲賢者師,不智而爲智者正(長),臣有其勞,君有其成功。
> 此之謂賢主之經也。

從思想史看,韓非所謂明君因智任賢的觀點可以上溯到管子。《管子‧形勢》說:

　　明主之舉事也，任聖人之慮，用眾人之力而不自與焉，故事成
　　而福生。亂主自智也而不因聖人之慮，矜奮自功而不因眾人之
　　力，專用己而不聽正諫，故事敗而禍生。

韓非雖未徵引此段文字，然從〈五蠹〉說：「藏商、管之法者家有
之」，依此斷定韓非受管子思想的影響，應無可疑。韓非承受申不
害的思想則很明確，申子說：

　　古之王者，其所為少，其所因多。因者，君術也；為者，臣道
　　也。為則擾矣，因則靜矣。（《呂氏春秋・任數》）

　　凡因之道，身與公無事，無事而天下自極也。（《申子・大體》，
《群書治要》卷三十六引）

韓非在〈主道〉說的「明君之道」或「賢主之經」，就是申不害所
謂「因者，君術也；為者，臣道也」的發揮。〈主道〉所謂因智任
賢，「有功則君有其賢」，「有過則臣任其罪」，是「因」，是「君
術」；「智者盡其慮」，「賢者敕其材」，是「為」，是「臣道」。
「臣有其勞，君有其成功」是對「君術」、「臣道」的詮釋。

　　申不害的「因者，君術也」，「因則靜矣」，「善為主者示天下
無為」。到了韓非則成「人主靜退以為寶」，「明君無為於上，群
臣竦懼乎下」。可以說，韓非的「主道」完全承襲了申不害的「君
術」。韓非於〈有度〉說：

　　夫為人主而身察百官，則日不足，力不給。且上用目則下飾觀，
　　上用耳則下飾聲，上用慮則下繁辭。先王以三者為不足，故舍
　　己能而因法數審賞罰。

這一段文字，是「主道」為何要「虛靜無為」的理由和說明。舍通
捨，「舍己能」指「掩情匿端」，是君主的自為。申不害說「君術」
的「因」，韓非則點明為「因法數（術也）」。「審賞罰」即〈主
道〉說的「明君無偷（亂）賞，無赦罰」，「誠有功則雖疏賤必賞，

誠有過則雖近愛必誅」。「因法術審賞罰」，即君主的任人和御臣
之道。所以說，人主「舍己能而因法數審賞罰」，是韓非對「主道」
虛靜無爲的概括。而〈定法〉說的「術者，因任而授官，循名而責
實，操殺生之柄，課群臣之能者也，此人主之所執也。」則韓非不
但傳承了申不害的「君術」思想，而且對「君術」作了創造性的詮
釋。

二、無離法之罪（罪刑法定主義）

韓非於〈大體〉篇曰：

> 使人無離法之罪，魚無失水之禍。

王讚源教授說：

> 「無離法之罪」正等於「無法律則無犯罪，無法律則無刑罰」
> （Nullum　Crimen，Nulla　Poenu　Sine　lege）就是現代法
> 律思想中的罪刑法定主義。[13]

民國五十四年，李聲庭教授曾於《文星雜誌》88 期，發表〈中國古
代沒有所謂罪刑法定主義〉一文；民國六十一年，王讚源教授出版
《韓非與馬基維利比較研究》，該書第三章第四節〈法之精神〉中，
討論「罪刑法定主義」[14]，王教授認爲中國歷代並無罪刑法定主義的
「制度」或「政策」，但指出韓非子有罪刑法定主義的「思想」。
王教授更於民國七十二年出版的《中國哲學辭典大全》[15]，七十八年
出版的《中國法家哲學》二書「無離法之罪」條，進一步肯定法家
有罪刑法定主義的「思想」。王教授說：

> 「罪刑法定主義」是現代民主國家法律政策的基本精神。所謂

---

13 王讚源：《中國法家哲學》，頁 40，1989 年，東大圖書公司，滄海叢刊，台北。
14 王讚源：《韓非與馬基維利比較研究》，頁 50-52，民國七十二年五月再版，幼獅文
　　化公司，台北。
15 韋政通主編：《中國哲學辭典大全》，頁 575-577，民國七十二年，水牛出版社，台
　　北。

罪刑法定主義，即罪、刑須由法律規定，法無明文則不為罪，法無規定則無刑罰。如此法律才能保障人權。中華民國刑法（1935 年）第一條：「行為之處罰，以行為時法律有明文規定者為限。」就是根據此一主義制定的。

罪刑法定主義，可分思想和制度兩方面來了解。罪刑法定主義在思想上，根據周冶平的看法，西洋最早出現於一二一五年英國《大憲章》（《刑法總論》）；而罪刑法定主義成為一種制度，則始於一七八九年法國的《人權宣言》（Declaration of the right of man）。《人權宣言》特別強調不得「無法律加人罪名及處罰人」，並且禁止法的「溯及既往」。此後，罪刑法定主義的刑事政策，相繼為各國所採用。

中國歷史上，從未實施罪刑法定主義的制度。但罪刑法定主義的思想，確實出現在法家的典籍之中。[16]

王教授從「思想」與「制度」不同層面來解析罪刑法定主義，非常清楚。歷史上，往往先有法理思想或法律哲學，然後才產生法律制度，這是因果關係。罪刑法定主義，先有思想（法理）後有刑事政策（制度），完全合乎歷史軌跡。

韓非說的「使人無離法之罪」，意即「無法律則無犯罪，無法律則無刑罰」，這就是罪刑法定主義。韓非又說：「法者編著之圖籍，設之於官府，而布之於百姓者也。」（〈難三〉）這已意涵犯罪與刑罰應以法律明文規定，而且公布周知。於是韓非才能說：「遇於法則行，不遇於法則止」（〈難二〉）。這些都是罪刑法定主義的思想。當然，韓非這種思想是有其歷史傳承的。《管子‧法法》已說：

16 同注 57，頁 40-42。

令未布而民或為之，而賞從之，則是上妄予也。

令未布而罰及之，則是上妄誅也。

「令未布」，就是無法律。無法律而行賞、罰，所以說「妄予」、「妄誅」。〈法法〉篇所說的，正是罪刑法定主義強調的「罪、刑必須法律明文規定」及「法律不溯及既往」兩項原則。而《商君書·定分》云：

天下之吏、民，無不知法者，吏明知民知法令也，故吏不敢以非法遇民。……萬民皆知所避就。

商鞅這段話指出，法律明文公布的作用在使「吏不敢以非法遇民」、「萬民皆知所避就」，如此法律才能維護社會正義與秩序。又《墨子·經上》云：

罪，犯禁也。

〈墨經〉的意思是：罪是侵犯法律禁止的行為。墨子是從正面給「罪」下界定。如從反面說就是「無法律則無犯罪」。

「不得類推解釋」是罪刑法定主義的另一項重要原則。觸犯何罪，便處以何刑，法有明文規定。若法無明文規定，就不可以類推解釋，比附援引，入人於罪。法家有此思想，將原文列舉如下：

《管子·明法》云：

先王之治國也，不淫意於法之外，不為惠於法之內，動無非法者，所以禁過而外私也。

《韓非子·有度》云：

明主使其群臣，不遊意於法之外，不為惠於法之內，動無非法。峻法所以遏滅外私也。（從王先慎校）

《慎子》逸文、《韓非子·大體》並云：

古之全大體者，不引繩（法）之外，不推繩之內，不急法之外，不緩法之內。

遊外、惠內、急外、緩內就是曲法循私，引外、推內就是類推解釋，
這是法家所要禁止消滅的。「不引繩之外，不推繩之內」，「動無
非法」，就是「不得類推解釋」，這是罪刑法定主義的原則。

　　以上所述，可以看出韓非的罪刑法定主義思想，已經吸納了歷史
知識。相較於西洋一二一五年英國《大憲章》，法家早在西元前七
世紀（管子時代）已主張罪刑法定主義，誠爲難能可貴！

三、法不阿貴（法律之前人人平等）

　　法不阿貴，是強調法的公平性，這是法家的重要理念。這一理念，
已接近現代民主國家「法律之前，人人平等」。這也是法家比儒家
高明而進步的地方。

　　韓非在〈有度〉篇說：「法不阿貴」。阿，偏袒。法不阿貴，意
即法律不偏袒身份、地位尊貴的人。所以韓非接著說：「刑過不避
大臣，賞善不遺匹夫」。他在〈主道〉篇也說：「誠有功，則雖疏
賤必賞；誠有過，則雖近愛必誅」。〈有度〉、〈主道〉這兩段話，
是指法律在執行上的公平性。韓非在強調法律的公平性方面，還有
幾段話說得更清楚，列舉如下：

　　1.聖人之爲法也，所以平不夷，矯不直也。（〈外儲說右下〉）

　　2.人主者，守法責成，以立功者也。（〈外儲說右下〉）

　　3.上下貴賤相畏以法。（〈有度〉）

　　「不夷」就是不平，「不直」就是不正。第 1 條是說，聖人之爲
法的目的，就是要維護社會的公平和公正。「爲法」，包括立法和
行法兩方面。韓非在〈有度〉篇強調「明主使其群臣不游意於法之
外，不爲惠於法之內，動無非法」，這是對行法層面說的，官吏執
法時不存心在法的內外故意出入，即不可同功異賞同罪異罰，才能
維持法的公平性。2.3.兩條強調全國上下（包括人主）都要守法，如

此才算公平或平等。

　　韓非「法不阿貴」的精神不是憑空而降，他有得自歷史的教訓，也有得自歷史的知識。先說歷史教訓，商鞅在秦國實行變法，太子犯法，「刑其傅公子虔，黥其師公孫賈」。「秦人皆趨令……行之十年，秦民大說，道不拾遺，山無盜賊，家給人足，民勇於公戰，怯於私鬥，鄉邑大治」。（《史記‧商君列傳》）韓非對這段史事，必然知之甚詳。韓非在〈外儲說右上〉徵引一則類似的史事：

> 荊莊王有茅門之法，曰：「群臣大夫諸公子入朝，馬蹄踐霤（屋簷下水流處）者，廷理斬其輈（車轅），戮其御。」於是太子入朝，馬蹄踐霤，廷理斬其輈，戮其御。太子怒，入為王泣曰：「為我誅戮廷理。」王曰：「法者所以敬宗廟，尊社稷。故能立法從令，尊敬社稷者，社稷之臣也，焉可誅也？夫犯法廢令不尊敬社稷者，是臣乘君而下校尚（上）也。臣乘君則主失威，下校尚則上位危。威失位危，社稷不守，吾將何以遺子孫？」於是太子乃還走，避舍露宿三日，北面再拜請死罪。

同樣在〈外儲說右上〉篇，另徵引一則史事為：

> 晉文公曰：「刑罰之極安至？」（狐偃）對曰：「不辟（避）親貴，法行所愛。」文公曰：「善。」明日，令田（獵）於圃陸，期以日中為期，後期者行軍法焉。於是公有所愛者曰顛頡，後期，吏請其罪，文公隕涕而憂。吏曰：「請用事焉。」遂斬顛頡之脊以徇百姓，以明法之信也。而後百姓皆懼曰：「君於顛頡之貴重如彼甚也，而君猶行法焉，況於我則何有矣。」

　　這三則歷史教訓，顯然是韓非「法不阿貴」這一思想的基礎。再說韓非主張法的平等或公平性，有得自歷史知識的傳承。

　　王讚源教授認為：法的平等觀念，受墨子的影響很大。他在《中國法家哲學》第一篇第二章說：

從思想史的角度看，法的平等觀念，受墨子的影響很大。墨子以天作為人們的法儀。法儀就是標準。為什麼天可以做標準呢？因「天之行廣而無私，其施厚而不德，其明久而不衰。」「行廣」指普遍性，「無私」指公平性，「施厚而不德」指客觀性、平常性，「明久而不衰」指穩定性和必然性。普遍、客觀、公平、穩定、必然諸性質，是標準必具的特徵，也正是法律應具的條件。墨子說：「天下無大小國，皆天之邑也，人無長幼貴賤，皆天之臣也。」（〈法儀〉）又說：「天之愛天下之百姓。」（〈天志上〉）這是說，在天之下，人人平等。〈大取〉說：「權，非為是也，亦非為非也，權正也。」權是客觀的，它不偏袒是非，但它可以公平的度量是非。所以〈經說上〉說：「權者，兩而勿偏。」〈經下〉說：「衡而必正。」權衡都是公平的標準。……〈法儀〉篇說：「天下從事者不可以無法儀，無法儀而其事能成者無有也。雖至士之為將相者皆有法。雖至百工從事者亦皆有法。百工為方以矩，為圓以規，直以繩，正以縣，平以水，無巧工不巧工，皆以五者為法。」後來的法家，都拿規矩、繩墨、權衡，來比喻法的客觀性和公平性，這顯然是受墨子的影響。（頁44）

看看底下徵引的文字，便可以確定韓非深受墨子的影響：

夫搖鏡則不得為明，搖衡則不得為正，法之謂也。夫懸衡而知平，設規而知圓，萬全之道也。（〈飾邪〉）

使天下皆極智於儀表，盡力於權衡。（〈安危〉）

上下相得，故能使用力者，自極於權衡。

明於尊位必賞，故能使人盡力於權衡。（〈守道〉）

盡力於權衡以任事。

使中主守法術，拙匠執規矩尺寸，則萬不失矣。

明主之表易見，故約立，其教易知，故言用，其法易為，故令行，三者立而上無私心，則下得循法而治，望表而動，隨繩而斲，因攠而縫。

釋儀的而妄發，雖中小不巧，釋法制而妄怒，雖殺戮而姦人不恐（〈用人〉）

古之全大體……不引繩之外，不推繩之內，不急法之外，不緩法之內。（〈大體〉）

夫行私者，繩之外也。（〈外儲說右上〉）

循繩墨誅姦人。（〈詭使〉）

巧匠目意中繩，然必先以規矩為度；上智捷（急）舉中事，必以先王之法為比。故繩直而枉木斲，準（量平器）夷而高科削，權衡縣而重益輕（減重益輕），斗石設而多益少（減多益少），故以法治國，舉措而已矣。法不阿貴，繩不撓（屈）曲。法之所加，智者弗能辭，勇者弗敢爭，刑過不避大臣，賞善不遺匹夫。（〈有度〉）

韓非用「鏡」、「衡」、「權衡」、「規」、「規矩」、「儀」、「儀表」、「儀的」、「繩」、「繩墨」和「準」，都比喻「法」。據此可明白看出韓非承襲墨子的痕跡。

法的公平思想，韓非也傳承自管子、商君。《管子·任法》說：

君臣上下貴賤皆從法，此之謂大治。……不分親疏遠近貴賤美惡，以度量斷之，……以法制行之，為天地之無私也。

《管子》的「君臣上下貴賤皆從法」，到了韓非則說成「上下貴賤相畏以法」。《管子·法法》說：

明君置法以自治，立儀以自正，故上不行則民不從……是以有道之君行法修制，先民服（法）也。

君王立法是要「自治」、「自正」，而且「行法修制」要比人民先

守法。不僅如此，〈法法〉更說：「禁勝於身，則令行於民」，「不為君欲變其令，令尊於君」，這一觀念《韓非子》一書不曾出現。韓非只強調君主要守法，不循私。至於任法重刑的公孫鞅，乃韓非學習的重要對象。公孫鞅深知「法之不行，自上犯之」，所以他強調：

> 法者君臣之所共操（守）也。（《商君書·修權》）
>
> 所謂壹刑者，刑無等級。自卿相將軍以至大夫庶人，有不從王令，犯國禁，亂上制者，罪死不赦。……忠臣孝子，有過必以其數（犯刑輕重）斷。（〈賞刑〉）

這些思想已被韓非所吸納。「壹刑」，「刑無等級」，「有過必以其數斷」，韓非說成「法不阿貴」，「刑不避大臣」和「誠有過，雖近愛必誅」。至於「聖人之為法也，所以平不夷，矯不直也」，韓非已道出法治主義的理想和精華。

前面我們說，法不阿貴已接近現代民主國家的「法律之前，人人平等」。所以用「接近」一詞，理由是立法權操在君王之手。管子云：「夫生法者君也」（〈法法〉）；商君說：「人主為法於上」，「聖人必為法令」（〈定分〉）；韓非也說：「聖人之為法也」（〈外儲說右下〉），「聖王之立法也」（〈守道〉）。如此君王親掌立法權，又缺乏有效的制衡力量，不免令人想到英國艾克頓爵士的警句：「權力容易使人腐化，絕對的權力絕對會使人腐化。」艾氏之言符合歷史的經驗法則。雖然法家的思想只「接近」「法律之前，人人平等」，但比起儒家的「禮不下庶人，刑不上大夫」（《禮記·曲禮上》），已邁進一大步，實為難得。

四、信賞必罰

「信賞必罰」就是有功必賞，有罪必罰，依法徹底執行。有法而

不執行，等於無法。所以「信賞必罰」是法家的重要原則。法家「信賞必罰」的原則，是使人不存僥倖之心的關鍵。這是法家思想的殊勝處。韓非特別堅持「信賞必罰」，他在許多篇章均論及這一原則。茲列舉如下：

> 賞罰敬信，民雖寡，強。（〈飾邪〉）

> 信賞盡能，必罰明威。（〈內儲說上〉）

> 賞罰不信，則禁令不行。（〈外儲說左上〉）

> 有術之主，信賞以盡能，必罰以禁邪。（〈外儲說左下〉）

> 賞罰必於民心。……賞厚而信，刑重而必。是以其民用力勞而不休，逐敵危而不卻，故其國富而兵強。（〈定法〉）

> 賞莫如厚而信，使民利之；罰莫如重而必，使民畏之。（〈五蠹〉）

> 聖人之治也，審於法禁，法禁明著則官治；必於賞罰，賞罰不阿則民用，民用官治則國富，國富則兵強，而霸王之業成矣。（〈六反〉）

韓非「信賞必罰」的理念，有得自「歷史教訓」；也有得自歷史知識，即前輩法家之思想。先談「歷史教訓」，最早是李悝強兵戰敗秦軍的史事。〈內儲說上〉載：

> 李悝為魏文侯上地之守，而欲人之善射也，乃下令曰：「人之有狐疑之訟者，令之射的，中之者勝，不中者負。」令下而人皆疾習射，日夜不休。及與秦人戰，大敗之，以人之善射也。[17]

李悝取「信」於民，這是成功的經驗，但他也有失敗的經驗。〈外儲說左上〉載：

> 李悝警其兩和（軍門中左右兩邊的守衛隊），曰：「謹警敵人，

---

17 梁啓雄：《韓子淺解》，頁240。

旦暮且至擊汝。」如是者再三而敵不至，兩和懈怠，不信李悝。
居數月，秦人來襲之，至幾奪其軍。此不信之患也。

一曰：李悝與秦人戰，謂左和曰「速上！右和已上矣。」又駛
而至右和曰：「左和已上矣。」左右和曰：「上矣。」於是皆
爭上。其明年，與秦人戰，秦人襲之，至幾奪其軍。此不信之
患。[18]

這兩則故事內容稍有不同，是傳說異聞。韓非的評語一樣是「不
信之患也」，強調的是取「信」於民的重要性。李悝兩次取「信」
於民的作為，王曉波先生認為：李悝要了一招成功的「術」，一次
失敗的「術」。[19]王先生的斷定是正確的。法家正是把「信賞必罰」
當作「術」在應用。前面所引〈外儲說左下〉：「有術之主，信賞
以盡能，必罰以禁邪。」韓非在此已明白點出運用「信賞必罰」就
是「有術」。

其次是吳起。吳起也有「信賞必罰」的示範，韓非在他的著作中
加以敘述，〈內儲說上〉云：

吳起為魏武侯西河之守，秦有小亭臨境，吳起欲攻之。……於
是乃倚一車轅於北門之外，而令之曰：「有能徙此於南門之外
者，賜之上田上宅。」人莫之徙也。及有徙之者，還賜之如令。
俄又置一石赤菽於東門之外，而令之曰：「有能徙此於西門之
外者，賜之如初。」人爭徙之。乃下令曰：「明日且攻亭，有
能先登者，仕之國大夫，賜之上田上宅。」人爭趨之。於是攻
亭，一朝而拔之。[20]

這是吳起「信賞」的例子。雖然，吳起對士卒是否「必罰」，目前

---

18 梁啟雄：《韓子淺解》，頁291。
19 王曉波：《先秦法家思想史論》，頁108，1991年，聯經出版公司，台北。
20 梁啟雄：《韓子淺解》，頁240。

沒有看到資料，但他的「出妻」卻也是一種「必罰」。〈外儲說右上〉云：

> 吳起，衛左氏中人也。使其織組（組，絲帶），而幅狹於度。吳子使更之，其妻曰：「諾。」及成，復度之，果不中度，吳子大怒。其妻對曰：「吾始經（縱線）之而不可更也。」吳子出之。[21]

再來是商鞅，商鞅仕秦也曾示範過「信賞必罰」。商鞅曾事魏國公叔座為中庶子，在魏國他曾目睹李悝和吳起的許多作為，既得秦孝公賞識，而後實行變法。錢穆先生說：「考其行事，則李克（悝）吳起之遺教為多。」[22]商鞅為了變法，耍了一招「移木賞金」，這是效法吳起「徙車轅賜田宅」的故伎。這是「信賞」。太子犯法，商鞅「刑其傅公子虔，黥其師公孫賈」，[23]則是「必罰」。其效果則是「明日秦人皆趨令。行之十年，家給人足，民勇於公戰，怯於私鬥，鄉邑大治。」[24]

韓非在〈外儲說右上〉還引了兩則「必罰」的例子：

> 荊莊王有茅門之法曰：「群臣大夫諸公子入朝，馬蹄踐霤（屋簷水下滴處）者，廷理（法官）斬其輈（車轅），戮其御（馬夫）。」於是太子入朝，馬蹄踐霤，廷理斬其輈，戮其御。太子怒，入為王泣曰：「為我誅戮廷理。」王曰：「法者所以敬宗廟，尊社稷。故能立法從令，尊敬社稷者，社稷之臣也，焉可誅也？夫犯法廢令，不尊社稷者，是臣乘君（欺君）而下尚校（下犯上）也。臣乘君則主失威，下尚校則上位危。威失位危，社稷不守，吾將何以遺子孫？」於是太子乃還走，避舍露

21 《韓子淺解》，頁 327。
22 錢穆：《先秦諸子繫年·商鞅考》，頁 227，1956 年，香港大學出版社。
23 見《史記·商鞅列傳》。
24 見《史記·商鞅列傳》。

宿三日，北面再拜請死罪。

這一則故事說明太子犯法也在「必罰」之列，強調徹底行法的精神。
另一則「必罰」的例子是：

> 晉文公問於狐偃曰：「然則何如足以戰民乎？」狐子對曰：「令
> 無得不戰。」公曰：「無得不戰奈何？」狐子對曰：「信賞必
> 罰，其足以戰。」公曰：「刑罰之極安至？」對曰：「不辟親
> 貴，法行所愛。」文公曰：「善。」明日，令田（軍事演習）
> 於圃陸，期以日中為期，後期者行軍法焉。於是公有所愛者曰
> 顛頡，後期，吏請其罪，文公隕涕而憂。吏曰：「請用事焉。」
> 遂斬顛頡之脊以徇百姓，以明法之信也。而後百姓皆懼曰：「君
> 於顛頡之貴重如彼甚也，而君猶行法焉，況於我則何有矣。」
> 文公見民之可戰也，於是遂興民伐原，克之；伐衛，東其畝，
> 取五鹿；攻陽勝虢；伐曹；南圍鄭，反之陴；罷宋圍；還與荊
> 人戰城濮，大敗荊人；返為踐土之盟，遂成衡雍之義。一舉而
> 有八功，所以然者無他故異物，從狐偃之謀，假顛頡之脊也。[25]

晉文公就是因為「必罰」所愛者顛頡而立威信，所以能一舉而有八
功。

　　韓非於其著作之中，徵引這麼多有關「信賞必罰」的史事，可見
他對「信賞必罰」的歷史教訓鐵定體認深刻。不只此也，他對「信
賞必罰」的歷史知識（思想史）也有傳承，茲列舉如下：

> 賞罰莫若必成，使民信之。（《管子・禁威》）
> 號令必著明，賞罰必信密，此正民之徑。（《管子・法法》）
> 明必死之路者，嚴刑罰也；開必得之門者，信慶賞也。……嚴
> 刑罰則民遠邪；信慶賞則民輕難。（《管子・牧民》）

---

25 《韓子淺解》，頁324、328。

罰未行而民畏恐，賞未加而民勸勉，誠信之所期也。（《管子・立政》）

賞罰信必，則有功者勸。（《管子・八觀》）

國所以治者三：一曰法，二曰信，三曰權。……民信其賞，則功成，信其刑，則姦無端。（《商君書・修權》）

五、不赦罪，不宥刑

〈愛臣〉篇云：

昔者紂之亡，周之卑，皆從諸侯之博大也。晉之分也，齊之奪也，皆以群臣之太富也。夫燕、宋之所以弒其君者，皆以（一本「以」作「此」）類也。……是故明君之蓄其臣也，盡之以法，質之以備，故不赦死，不宥刑。26

韓非從「紂之亡，周之卑」兩則史事，歸納所得的「歷史教訓」是「從（「從」、「以」對文，表原因）諸侯之博大」。「晉之分」，指韓、趙、魏三家分晉。「齊之奪」，指田常弒簡公，奪其政。韓非徵引「晉之分，齊之奪」兩則史事，採擷的「歷史教訓」是「以群臣之太富」。「燕、宋之所以弒其君」，指燕大夫子之殺燕君子噲，奪其政；宋大夫子罕劫宋君，奪其政。而造成這兩件史事的原因，韓非說：「皆以類也」。就是說「燕、宋弒其君」與「紂之亡，周之卑」，「晉之分，齊之奪」，同樣都是因爲「諸侯博大」、「群臣太富」造成的結果。這裡韓非是用類推解釋。這是韓非變文求雅的文學技巧，所以太史公說韓非「善著書」。韓非主張尊君，所以他要替人君設想辦法，如何防杜臣下來奪權。於是韓非提出他的辦法：「是故明君之蓄其臣也，盡之以法，質之以備，故不赦死，不宥刑。」鄭良樹以爲「是韓非自此教訓中提煉出來的殷鑑，是未來

---

26 梁啓雄：《韓子淺解》，頁26，民國六十年，台灣學生書局，台北。

『明君』蓄養臣僚的守則」[27]。我們認爲不盡然。我們以爲「質之以備」大致是韓非自己的思想。「盡之以法」、「不赦死，不宥刑」，雖然有提鍊自歷史教訓，但大致是韓非吸納自歷史知識（思想史），成爲自己的思想。

「質之以備」，這句話是韓非另一段話的概括。〈八經〉篇說：「官襲節（循級）而進，以至大任，智也。其位至（高）而任大者，以三節持之：曰質、曰鎮、曰固。親戚妻子，質也。爵祿厚而必，鎮也。參伍責怒（嚴），固也。賢者止於質，貪饕化於鎮，姦邪窮於固。」[28]王讚源教授對這段話有很貼切的詮釋，他說：「『親戚妻子，質也。』就是表面以厚禮待大臣的親戚妻子，而真正的用意是拿他們當人質，使大臣心有顧忌，不敢背叛；或是與大臣結爲婚姻，成爲親戚，使之得妻生子，利用親戚和血肉的關係牢牢牽住，使大臣成爲自家人。貪饕，指嗜利的人，嗜利者貪得爵祿，用爵祿可以安定其心，所以說『化於鎮』。『參伍責怒，固也。』怒是嚴格，嚴格的錯綜考驗，使群臣專心於職務，所以說『固』。參伍之政，姦邪無所逃，所以說『窮於固』。……有才智的人做官升到盡頭不能再升了，『以三節持之』，可見『三節』是用來治理大官的辦法。」[29]

「盡之以法」，乃先秦法家共同的理念，韓非當然有其經驗，無須贅言。至於「不赦罪，不宥刑」，在思想史上源遠流長，茲列舉如下：

1. 爾不從誓言，予則孥戮汝，罔有攸（所）赦。（《尚書·湯誓》）

2. 惟弔茲，不於我政人得罪，天惟與我民彝大泯亂。曰：乃其

---

27 鄭良樹：《韓非子之著述及思想》，頁377。
28 梁啓雄：《韓子淺解》，頁452。
29 王讚源：《中國法家哲學》，「三本與三節」，頁67-68，1989年，東大圖書公司，台北。

速由文王作罰，刑茲無赦。（《尚書·康誥》）

3.先君周公制周禮，作誓命曰：毀則為賊，掩賊為藏，竊賄為盜，盜器為姦。主藏之名，賴姦之用，為大凶德，有常無赦，在〈九刑〉不忘。（《左傳·文公十八年》）

4.正月之朔，百吏在朝，君乃出令佈憲於國。……憲未佈，使者未發，不就舍。就舍，謂之留令，罪死不赦。憲既佈，有不行憲者，謂之不從令，罪死不赦。考憲而有不合於太府之籍者，侈曰專制，不足曰虧令，罪死不赦。（《管子·立政》）

5.所謂壹刑者，刑無等級，自卿相將軍以至大夫庶人，有不從王令，犯國禁，亂上制者，罪死不赦。……聖人不宥過，不赦刑，故姦無起。（《商君書·賞刑》）

從以上的文獻，「罔有攸赦」、「刑茲無赦」、「有常無赦」、「罪死不赦」、「聖人不宥過，不赦刑」，到韓非的「不赦死，不宥刑」，乃吸取自思想史之知識，成為其思想的一部分，其轍跡明朗如日月。

六、法與時轉

「法與時轉」，即指時代改變，法律也要跟著修改。時代不同，事情有別，需要各異，法律能隨著時代需要而修立，如此法律才能實行，政治才能平治。所以韓非在〈心度〉篇說：「法與時轉則治。」「法與時轉」，是法家思想能在實際政治上運作而且有效的重要理念之一。

秦孝公想要變法求治，商鞅諫曰：「君亟定變法之慮。……法者所以愛民也，禮者所以便事也，是以聖人苟可強國，不法其故，苟可以利民，不循其禮。」大夫甘龍不以為然，辯曰：「聖人不易民而教，知者不變法而治。因民而教者，不勞而功成；據法而治者，吏習而民安。今若變法，不循秦國之故，更禮以教民，臣恐天下之

議君」。然而，最後秦孝公還是聽從商鞅之諫，實行變法。（《商君書‧更法》）韓非對這段史事，肯定瞭如指掌。且看〈南面〉篇的一段話：

> 不知治者，必曰：「無變古，毋易常。」……伊尹毋變殷，太公毋變周，則湯武不王矣。管仲毋易齊，郭偃毋更晉，則桓文不霸矣。凡人難變古者，憚易民之安也。夫不變古者，襲亂之迹；適民心者，恣姦之行也。……人主者明能知治，嚴必行之，故雖拂於民心，必立其治。說在商君之內外而鐵殳重盾而豫（預）戒也。

「鐵殳」是長柄武器。「說在商君之內外而鐵殳重盾而豫戒」。「說」，解也。此句的意思是：解說了商君變法，有惡於民，所以出入持兵器，以戒不虞。由此可見韓非說「凡人難變古者，憚易民之安也」，這句話正針對前引甘龍說「不變法而治……吏習而民安」所發的。可見韓非由商鞅變法的歷史已獲得教訓。

商鞅還說：

> 當時而立法，因事而制禮。禮法以時而定，制令各順其宜。（〈更法〉）
> 聖人之為國也，不法古，不修今（不以古治今），因世而為之治，度俗而為之法。（〈壹言〉）
> 世事變而行道異也。（〈開塞〉）

商君以為必須當時、因事而立法，因為世事變而行道異。商君這些話明顯影響韓非的思想。且看韓非的說法：

> 聖人不期修古，不法常行，論世之事，因為之備。……事因於世，而備適於事。……世異則事異，事異則備變。（〈五蠹〉）
> 治民無常，唯法為治，法與時轉則治，治與世宜則有功。……時移而法不易者亂，世變而禁不變者削。故聖人之治民也，法

與時移而禁與世變。（〈心度〉）

對照以上韓非與商鞅的話，可以發現：韓非「法與時移」、「法與時轉」的思想，顯然是由商鞅的話發展而成的。

重勢派的慎到也有類似的觀念，他說：

法非從天下，非從地出，發於人間，合乎人心而已。

守法而不變則衰，……以道變法者，君長也。（《慎子》佚文）

「以道變法」的「道」，即合乎人心。慎到以為要守法，也要合於人心的需要而變法。

「法與時轉」的觀念，可以上溯到管子。管子說：

下令如流水之原，令順民心。

順民心則威令行。（〈牧民〉）

法者，不可恆者也。

古之所謂明君者，……其設賞有厚有薄，其立禁有輕有重……，皆隨時而變，因俗而動。（〈法法〉）

管子以為法令的設立要隨著時俗而變動，而且法令必須順應民心才能施行。

從管子、商鞅、慎到以迄韓非，「法與時轉」是法家的共識。其精義在使法律能適應世事變遷，依順民情需要，使法律具有時代性和可行性。韓非說：「法與時轉則治」，是經得起檢驗的，徇非虛言。「法與時移」或「法與時轉」已是法理學上的重要原則。

七、託是非於賞罰

「是非」是價值判斷或價值取向。「賞罰」是行法的兩大驅動力。「託是非於賞罰」，就是以「賞罰」為手段，建立臣民的「是非」觀。換言之，是以賞罰為臣民的價值標準。也就是以「法」作為臣民行為的準則。這涉及社會政治的「共識問題」。

　　韓非這一觀念的形成，有他的歷史經驗。換言之，韓非有吸收自前人的思想，也有得自歷史教訓的啓發。

　　韓非在〈大體〉篇說：

　　　　寄治亂於法術，託是非於賞罰。[30]

這句話與《慎子‧佚文》完全相同。可見韓非這一觀念接受前輩法家慎到的思想。韓非在〈六反〉篇說：

　　　　畏死遠離，降北之民也；而世尊之曰貴生之士。

　　　　學道立方，離法之民也；而世尊之曰文學之士。……

　　　　赴險殉誠，死節之民也；而世少之曰失計之民也。

　　　　寡聞從令，全法之民也；而世少之曰樸陋之民也……

　　　　姦偽無益之民六，而世譽之如彼；耕戰有益之民六，而世毀之如此。

[31]

在〈詭使〉篇又說：

　　　　夫立名號，所以為尊也；今有賤名輕實者，世謂之高。設爵位，

　　　　所以為賤貴基也；而簡（傲）上不求見者，世謂之賢。威利所

　　　　以行令也；而無利輕威者，世謂之重。法令所以為治也；而不

　　　　從法令為私善者，世謂之忠。官爵所以勸民也；而好名義不進

　　　　仕者，世謂之烈士。刑罰所以擅威也；而輕法不避刑戮死亡之

　　　　罪者，世謂之勇夫。……故世之所以不治者，非下之罪，上失

　　　　其道也。常貴其所以亂而賤其所以治，是故下之所欲常與上之

　　　　所以為治相詭（違）也。[32]

這兩段話，是韓非對當時社會政治敏銳觀察的結論。韓非注意到「統治者」與「被治者」的價值判斷或價值取向上，有很大的差異。造

---

30 《韓子淺解》，頁 224。
31 《韓子淺解》，頁 427-429。
32 《韓子淺解》，頁 421-422。

成這差異的原因是「上失其道」。也就是爲政者「常貴其所以亂而賤其所以治」。韓非在〈五蠹〉篇有更深刻地分析。他說：

> 今則不然。以其有功也爵之，而卑其士官也；以其耕作也賞之，而少其家業也；以其不收也外之，而高其輕世也；以其犯禁也罪之；而多其有勇也。毀譽賞罰之所加者，相與悖謬也，故法禁壞而民愈亂。[33]

「毀譽賞罰之所加者，相與悖謬也，故法禁壞而民愈亂。」這是從歷史中獲致的教訓。韓非再回顧歷史說：

> 古之治人亦然矣。夫賞，所以勸之，而毀存焉；罰，所以禁之，而譽加焉。民中立而不知所由。[34]

韓非由這些教訓得到啓示，形成他的思想就是：

> 譽所罪，毀所賞，雖堯不治。[35]

「統治者」與「被治者」的價值判斷或價值取向相反，是由於價值觀不同。上下價值觀不同，社會政治就缺少共識。「譽所罪，毀所賞」就是缺乏共識下的產物，這是政治的危機。從價值判斷到價值觀，從價值觀到政治共識，再到政治危機。韓非對此之深刻體認，是受了墨子的啓發，這是歷史的傳承。

墨子在〈尙同〉中篇說：

> 若苟上下不同義（議），上之所賞，則眾之所非⋯⋯上之所罰，則眾之所譽。
> 若苟上下不同義，則賞譽不足以勸善，而刑罰不足以沮（止）暴。[36]

墨子指出上下缺乏共識（不同義，義即議），則賞罰失其維護社

33 《韓子淺解》，頁 474-422。
34 《韓子淺解・外儲說右下》，頁 345。
35 《韓子淺解・外儲說左下》，頁 294。
36 張純一：《墨子集解・尙同中》，頁 117-118。1971 年，文史哲，台北。

會秩序的功能。為了解決共識的問題，墨子的策略是「尚同」。「尚同」就是向上看齊，向上學習。所以墨子說「上之所是必皆是之，上之所非必皆非之。」也就是以統治者的是非為是非。如此就能「一同其國之義」，「一同天下之義」，把上下的價值觀統一起來，將上下社會政治之共識建立起來。於是上之所賞則萬民是之、譽之，上之所罰則萬民非之、毀之。所以墨子強調「尚同為政之本治之要也。」[37]然而尚同要能成功必須藉助於「賞」和「罰」這兩種驅策力。所以墨子在〈尚同〉下篇結語說：「富貴以道其前，明罰以率其後。為政若此，唯（雖）欲毋與我同，將不可得也。」這是草兒在前，鞭兒在後的「畜牧」手法。

　　韓非對思想史上的「尚同」理論，鐵定琢磨再三，而且完全吸納墨子這一思想。茲列舉韓非的說法於下，一目了然。〈八經〉篇云：

> 爵祿所以賞也，民重所以賞也，則國治。……賞者有誹焉，不足以勸；罰者有譽焉，不足以禁。……賞譽同軌，非誅俱行。……有重罰者，必有惡名，故民畏。罰所以禁也，民畏所以禁，則國治矣。

〈五蠹〉篇云：

> 譽輔其賞，毀隨其罰。……故明主之國，以法為教，以吏為師。……境內之民，其言談必軌於法。

「賞譽同軌，非誅俱行」與「譽輔其賞，毀隨其罰」，就是〈大體〉篇說的「託是非於賞罰」。韓非與墨子一樣拿「賞」「罰」當工具、當動力，統一社會的是非觀，建立政治的共識。只是墨子以「尚同」為策略，韓非則以「法令」替代之。然而「尚同」是以統治者的是非為是非，難免有好憎因素存焉；「法令」雖由統治者所廢置，總

────────────

37 《墨子集解・尚同下》，頁 132。

有個客觀依據可循。這是韓非對墨子思想的「轉化應用」，雖然只踏前一小步，卻也有其創造性。學術或思想進步之難，於斯可見。

　　對於社會之是非觀點，政治之共識問題加以關注的，先秦諸子首推墨子。而在韓非思想論著之中，已有學者指出韓非承襲了墨子這一重要思想[38]。

八、宰相必起於州部

〈顯學〉篇說：

> 澹臺子羽，君子之容也，仲尼幾（近也）而取之，與處久而行不稱其貌。宰予之辭，雅而文也，仲尼幾而取之，與處久而智不充其辯。故孔子曰：「以容取人乎，失之子羽；以言取人乎，失之宰予。」故以仲尼之智而有失實之聲。

> 今之新辯濫乎宰予，而世主之聽眩（惑）乎仲尼，為悅其言，因任其身，則焉得無失乎！是以魏任孟卯之辯而有華下之患，趙任馬服之辯而有長平之禍，此二者任辯之失也。

> 夫視鍛錫而察青黃，區冶不能以必劍；水擊鵠雁，陸斷駒馬，則臧獲不疑鈍利。發（見也）齒吻形容，伯樂不能以必馬；授車就駕而觀其末塗（途），則臧獲不疑駑良。觀容服，聽言辭，仲尼不能以必士；試之官職，課其功伐，則庸人不疑於愚智。

> 　　故明主之吏，宰相必起於州部，猛將必發於卒伍。[39]

　　首段徵引「孔子以容取子羽，以言取宰予」兩則史事，歸結「以容、言取人而有失實」的「歷史教訓」。接著韓非再徵引「魏任孟卯之辯而有華下之患」及「趙任馬服之辯而有長平之禍」[40]兩則歷史，

---

38 王讚源：《韓非與馬基維利比較研究》，頁46，民國六十一年，幼獅，台北。又《中國法家哲學》，頁47、127，民國七十八年，東大，台北。

39 梁啟雄：《韓子淺解》，頁497-499。

40 「華下之患」，即秦將白起擊敗魏將芒卯於華陽，斬首十五萬。「長平之禍」，即白起擊破趙將趙括於長平，數十萬眾降秦，秦悉阬之。馬服即趙括。

證成「任辯失實」這一「歷史教訓」。緊接著韓非提出自己的看法，他認為只有經過試驗才能判斷：劍之鈍利，馬之駑良及士之智愚。韓非就以四則歷史加上三件經驗事實做前提，最後提出他的結論：「故明主之吏，宰相必起於州部，猛將必發於卒伍。」這是有歷史教訓、有經驗奠基的思想。

九、民智不可用

自古以來，不少政治人物和大思想家，一致認為民眾是愚蠢的，即使大教育家如孔子也認為「民可使由之，不可使知之。」（《論語・泰伯》）韓非正也認為「民智之不可用」。在此我們不評斷其思想之對錯，我們關注的是韓非思想的歷史背景。有名的〈顯學〉篇最後一段文字是：

> 今不知治者必曰：「得民之心。」欲得民之心而可以為治，則是伊尹、管仲無所用也，將聽民而已矣。民智之不可用，猶嬰兒之心也。夫嬰兒不剔首則腹痛，不揊痤（剖癰）則寖益。剔首揊痤必一人抱之，慈母治之，然猶啼呼不止，嬰兒子不知犯其所小苦，致其所大利也。
>
> 今上急耕田墾草以厚民產也，而以上為酷；修刑重罰以為禁邪也，而以上為嚴；徵賦錢粟以實倉庫，且以救饑饉，備軍旅也，而以上為貪；境內必知介而無私解，並力疾鬥，所以禽虜也，而以上為暴。此四者所治安也，而民不知悅也。
>
> 夫求聖通之士者，為民知之不足師用也。
>
> 昔禹決江濬河，而民聚瓦石；子產開畝樹桑，鄭人謗訾。禹利天下，子產存鄭，皆以受謗，夫民智之不足用亦明矣。
>
> 故舉士而求賢智，為政而期適民，皆亂之端，未可與（通以）

為治也。[41]

這一大段文字是韓非用以表達他的「民智不可用」之思想。「民智不可用」這一命題,當然是從「歷史教訓」而來,其中也包含對現實政治之觀察,韓非從這些經驗形成自己的思想。爲了表達這一思想,韓非再徵引史事,以及當時實際政治的狀況,用來證立他這一思想的正確性。

首段徵引管仲輔助齊桓公成就霸業,伊尹佐助商湯伐桀平定天下兩則史事,反駁「得民之心可以爲治」之說。次段以嬰兒比喻人民之無智。三段以現實政治致力於富國強兵之策,而人民不知喜悅,說明「民知不足師用」。四段復徵引「禹利天下,子產存鄭,皆以受謗」兩則歷史事實,歸納出「民智不足用」之「歷史教訓」。最後韓非才下斷言:「故舉士而求賢智,爲政而期適民,皆亂之端,未可與爲治也」。

事實上,前輩法家商鞅早已說:「民不可與慮始,而可與樂成。」(《史記‧商君列傳》)韓非必然看過商鞅這句話的記載。參觀上引〈顯學〉篇的文字,可以說商鞅之言,已爲韓非所吸納,形成「民智之不可用」的藍本。

十、治強責於內政

內政是軍事外交的後盾,尤其是小國。

王讚源教授說:「子產雖不是標準的法家,卻是法家的先驅人物。」[42]王曉波教授認爲「子產是一個由『禮治』過渡到『法治』的一個政治家。」[43]章太炎說:「著書定律爲法家。」[44]所以說子產是儒、法

---

41 《韓子淺解》,頁 503-504。
42 王讚源:《中國法家哲學》,頁 7。
43 王曉波:《先秦法家思想史論》,頁 44。
44 章太炎:《檢論‧原法》。

兼俱的政治家，已成定論。

　　子產是春秋時鄭國大夫，因子皮的推薦，當上鄭國宰相。子產相鄭，歷簡公、定公、獻公、聲公，凡四十七年。使那「國小而偪」的鄭國，雖介於楚、晉兩大國爭霸之間，終不被兵革之禍，而安保無憂。生長於「四擊小國」的韓非，對子產治鄭的成功歷史，必然精心研究，吸取其經驗和智慧。

　　子產「不毀鄉校」被傳爲中國千古美談。可惜這一優良傳統沒有被韓非所承受。

　　西元前五百三十六年，子產「鑄刑書」[45]。鑄刑書，就是把刑書鑄在鼎上，公告周知。這是中國第一部公佈法。這是子產對中國文化劃時代的大貢獻。這一歷史經驗給韓非奠下了「法」的理論基礎。所以韓非說：

　　　法者，編著之圖籍，設之於官府，而布之於百姓者也。[46]

「編著之圖籍」是說法的成文性；「布之於百姓」是指法的公開性。法律一經成文記載，並公布周知，就成了客觀標準。接著韓非才能在〈有度〉說：「明主使其群臣，不遊意法之外，不爲惠於法之內，動無非法。」於〈難二〉又說：「遇於法則行，不遇於法則止。」

　　從韓非徵引子產的事跡，韓非還吸納子產兩項重要的歷史教訓：其一是嚴刑蒞民，其二是固守內政無患。前者載於〈內儲說上〉：

　　　子產相鄭，病將死，謂游吉曰：「我死後，子必用鄭，必以嚴蒞人。夫火形嚴，故人鮮灼；水形懦，故人多溺。子必嚴子之刑，無令溺子之懦。」子產死。游吉不肯嚴刑，鄭少年相率為盜，處於萑澤，將遂以為鄭禍。游吉率車騎與戰，一日一夜僅能剋之。游吉喟然歎曰：「吾蚤（早）行夫子之教，必不悔至

45　《左傳・昭公六年》：「鄭人鑄刑書。」
46　《韓子淺解・難三》，頁381。

於此矣！」[47]

「嚴刑」即重刑重罰。韓非徵引這一則史事，也接受「以嚴蒞人」的教訓，形成韓非主張「嚴刑」的思想。韓非之主「嚴刑」，也吸納了商鞅「輕罪重刑」、「以刑去刑」的思想。韓非在〈五蠹〉篇說：「明主峭其法而嚴其刑也。……罰莫如重而必，使民畏之。」在〈制分〉篇說：「嚴刑以威之。」韓非還在〈六反〉篇為「嚴刑重罰」辯護，他提出兩點理由：第一，重刑不是要罪罰某一個人或某些人，而是借重罰犯人，殺一儆百，使人知所「悼懼」；第二，重罰使姦人得利小，受害大，人民就不會貪小利冒大罪，所以重刑可以止姦。[48] 在此韓非已將「嚴刑重罰」當術在運用。

子產固守內政的史事載於〈外儲說左上〉：

> 鄭簡公謂子產曰：「國小，迫於荊晉之間。今城郭不完，兵甲不備，不可以待不虞（不虞，意料不到之事）。」
>
> 子產曰：「臣閉其外也已遠矣，而守其內也已固矣，雖國小，猶不危也。君其勿憂。」
>
> 是以沒簡公身無患。
>
> 一曰：子產相鄭，簡公謂子產曰：「飲酒不樂，俎豆不大，鍾鼓竽瑟不鳴，寡人之任也。國家不定，百姓不治，耕戰不輯睦，亦子之任。子有職，寡人亦有職，各守其職。」
>
> 子產退而為政五年，國無盜賊，道不拾遺，桃棗之蔭於街者莫之援也，錐刀遺道三日可反，三年不變，民無飢也。[49]

韓乃「四擊小國」，國勢衰弱，內外積弊，韓非生長於斯，憂心不已。子產固守內政，使得夾在荊晉爭霸之間的小小鄭國，能夠民

---

47 《韓子淺解》，頁235。
48 《韓子淺解‧六反》，頁432-433。
49 《韓子淺解》，頁287。

富國強，政通人和，屹立不危。韓非把子產事跡徵引入書，這一歷
史經驗必然使他有所領悟和啓示。我們從有名的〈五蠹〉篇便可看
到其影響力：

> 治強不可責（求）於外，內政之有（取）也。今不行法術於內，
> 而事智於外，則不至於治強矣。鄙諺曰：「長袖善舞，多錢善
> 賈。」此言多資之易為工（巧）也。故治強易為謀，弱亂難為
> 計。故用於秦者，十變而謀希（稀少）失；用於燕者，一變而
> 計希得。非用於秦必智，用於燕者必愚也，蓋治亂之資異也。
> 故周去秦為從，期年而舉（拔）；衛離魏為衡，半歲而亡。是
> 周滅於從，衛亡於衡也。使周衛緩其從衡之計，而嚴其境內之
> 治，明其法禁，必其賞罰，盡其地力以多其積，致其民死以堅
> 其城守，天下得其地則利少，攻其國則傷大，萬乘之國莫敢自
> 頓於堅城之下而使強敵裁其弊也，此必不亡術也。舍此不亡之
> 術而道（行）必滅之事，治國者之過也。智困於內而政亂於外，
> 則亡不可振（救）也。[50]

「治強不可責於外，內政之有也。」這是韓非採擷子產治鄭的遺
教，形成自己的思想。為了宣揚這一思想，韓非徵引諺語：「長袖
善舞，多錢善賈。」比喻「內政之治強」是「多資易為工」。再用
強秦弱燕來說明「治強易為謀，弱亂難為計。」最後復徵引「周滅
於從，衛亡於衡」兩則史事，來證立「治強不可責於外」這一論點。
「嚴其境內之治」其內容就是「明其法禁，必其賞罰（明法治），
盡其地力以多其積（富國），致其民死以堅其城守（強兵）。「此
必不亡之術」是結論。在此韓非做了一個簡單條件推論。他以「嚴
其境內之治」作為條件式的前項，以「此必不亡之術」作為後項。

---

50 《韓子淺解》，頁 486-487。

而「內政之有（取也）」是「嚴其境內之治」的不同表達，意義相同。「使周、衛緩其從衡之計……此必不亡之術也。」這個「使」是「假如……則……」的省略，它是邏輯連詞。完整的推論過程為：「假如嚴其境內之治（以 P 代）則此必不亡之術（以 q 代）。」「嚴其境內之治。」（＝「內政之有。」）「所以此必不亡之術。」我們將這個論證展示如下：

> 「假如嚴其境內之治，則此必不亡之術。」
> 「嚴其境內之治。」（＝「內政之有。」）
> ──────────────────────
> 「此必不亡之術。」

它的論證形式是：（「$\longrightarrow$」號表「假如……則……」的邏輯連詞）

$$P \longrightarrow q$$
$$\frac{P}{q}$$

這是一個在前提裡斷言前項，在結論裡斷言後項的條件論證。它是一個有效的論證，也就是說它是一個對的論證。它可以證明「治強內政之有也。」雖然原文在形式上沒有那麼整齊，但從前後文來看，已足以證明。[51]

韓非在〈五蠹〉篇這段文字，用一句諺語作比喻，用兩個國家來說明，徵引兩則史事作證明，已足以證立「治強不責於外，內政之有也。」這一論點的正確性。

韓非吸納子產存鄭的歷史教訓；另外，申不害相韓昭侯，「內修

---

51 何秀煌：《記號學導論》，頁 232-233，1965 年，文星書店，台北。此書後來轉由水牛出版社重印。

正教，外應諸侯」，十五年使韓政治民安的史實，韓非當然知之甚詳。這些歷史啓示形成韓非自己的思想，即「治強不可責於外，內政之有也。」這已成爲韓非之重要理念，他在許多篇章一再宣揚這個理念。如：

〈安危〉：「明主堅內，故不外失。失之近而不亡於遠者無有。故周之奪殷也，拾遺於庭。使殷不遺於朝，則周不敢望秋毫於境，而況敢易位乎？」

〈亡徵〉：「簡法禁而務謀慮，荒封內而恃交援者，可亡也。」

〈飾邪〉：「恃諸侯者危其國：曹恃齊而不聽宋，齊攻荊而宋滅曹；邢恃吳而不聽齊，越伐吳而齊滅邢；許恃荊而不聽魏，荊攻宋而魏滅許；鄭恃魏而不聽韓，魏攻荊而韓滅鄭。」

〈十過〉：「內不量力，外恃諸侯者，則國削之患也。」

〈忠孝〉：「王者獨行謂之王。是以三王不待離合，而五霸不待從橫，察內以裁（制）外而已。」

〈外儲說右下〉：「明乎恃人，不如自恃也，明於人之爲己者，不如己之自爲也。」

這六篇之中，〈安危〉、〈忠孝〉、〈外儲說右下〉三篇從正面，〈亡徵〉、〈飾邪〉、〈十過〉三篇從反面，一樣強調治強從內政著手的重要性。

小　結

《韓非子》文本，徵引歷史多達千件（包括重複徵引），然而，它不是史書，專門記載歷史事件。《韓非子》是一本思想論著，韓非徵史廣博必然與其思想有關。從以上第三節之敘述，已足以說明韓非的哲學思想與歷史關係之密切。韓非往往從歷史事件之中，採擷「歷史教訓」或獲致啓示作爲殷鑑，並從中提鍊出精華，形成自

己的思想。韓非爲了宣揚其思想,又徵引歷史來說明或證立其理論之正確性,加強其說服力。其間之過程,可用一模型展示如下:

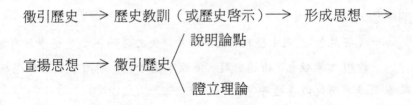

徵引歷史 ⟶ 歷史教訓(或歷史啓示)⟶ 形成思想 ⟶

　　　　　　　　　　　　　　　　說明論點
宣揚思想 ⟶ 徵引歷史
　　　　　　　　　　　　　　　　證立理論

　　從這一過程模型可以說明:韓非哲學與歷史的密切關係。從這裡也顯示:韓非的哲學思想乃生根於歷史,建基於經驗。

第五章　韓非子哲學基石之形成

　　系統化或體系化的思想，都有其理論基石。理論基石就是該思想體系的根本思想。一個思想體系是由其理論基石推演擴充或延伸發展而建立的。了解一個思想體系的理論基石，就能知道該思想的所由然和所以然。韓非的政治哲學也有其哲學基石。我們的研究發現，韓非的哲學基石有四：一、檢證的方法論；二、自利的人性觀；三、功用的價值觀；四、演變的歷史觀。韓非哲學這四塊基石都有其歷史背景在。底下分別論述。

第一節　檢證的方法論

　　韓非在〈姦劫弒臣〉篇說：

　　　　循名實而定是非；因參驗而審言辭。

　　這是韓非的思想方法論。其中包括兩個方法：一個是「循名實」，也就是〈定法〉說的「循名責實」。意思是國君要懂得依據「名」去責求實際的「實」。名、實相合為「是」，名、實不合為「非」。「循名責實」乃用來判斷「是非」的方法。另一個方法為「參驗」[1]。「參驗」就是檢驗。「因參驗而審言辭」，是說國君要知道依據檢驗的方法去審查「言辭」的對錯。言辭的對錯，就是言辭的可行性。

　　韓非的思想方法論來自於他的歷史知識，也就是有他的思想淵源。韓非（280-233 B.C.）之師荀子（340-245 B.c.）及前輩諸子如尹文（350-285B.C.）、墨子（468-390 B.C.）、鄧析（545-501 B.C.）、

---

1 《韓非子‧八經》：「聽不參，則無以責下。」「參」義為驗，「參驗」是同義複詞。
　《韓子淺解》頁28注：《荀子》和《史記》注皆：「參，驗也。」

管子（685?-645 B.C.）（生卒年依錢穆《先秦諸子繫年》），他們對名實問題都有過討論。

　　《管子・九守》說：

　　　修名而督實，按實以定名……名實當則治，不當則亂。

管子已看到「名實」與政治的關係。「名實當」就是名與實相副。

　　鄧析是名家之首，但他作「竹刑」，也與法家有關[2]。他說：

　　　循名責實，實之極也。按實定名，名之極也。參以相平，轉而
　　　相成，故得之形名。[3]

「參以相平，轉而相成」就是使「名實相副」。實也稱刑或形，所以說「得之形名」。「得之形名」就是獲得「形」、「名」相副之益。因按實定名，形與名才有了相應的關係，也因此才能「循名責實」。鄧析在〈無厚〉篇又說：

　　　循名責實，察法立威，是明王也。……明君審一（法），萬物
　　　自定。……百官有司，各務其形。上循名以督實，下奉教而不
　　　違。……喜不以賞，怒不以罰，可謂治世。

這段話已論及形名與法的關係，形名與政治的關係。

　　墨子是先秦諸子之中最講究方法論的人，其名實理論也最為完整。[4]墨子說：

　　　所以謂，名也，所謂，實也。名實耦，合也。[5]

「名」是用來指稱「實」的。「名實耦」就是「名」與「實」相符相應，如此，知「名」就知「實」，反之亦然，所以稱為「合」。因為名實有相應的關係，墨子才說：「以名舉實」（〈小取〉）。

2　《左傳・定公九年》：「鄭駟歂殺鄧析而用其竹刑。」又《荀子・宥坐》：「子產誅鄧析。」又《說苑・指武》：「子產殺鄧析以威侈。」無論是駟歂或是子產殺了鄧析，他的「竹刑」被鄭用以治國是真，他是刑法學者無可疑。
3　《鄧析子・轉辭》，《四庫菁華》5冊，頁90，1987年，生生印書館，台北。
4　王讚源：《墨子・墨子的方法論》，1996年，東大圖書公司，台北。
5　李漁叔：《墨辯新注》〈經說上〉80條，1968年，台灣商務印書館、台北。

又說：「以名取實」（《墨經》）[6]、「效（考）名實」〈大取〉。墨子認為「以名取實」才算知，否則不知。這個「取」著重在行為實踐。簡單的說，把說的做出來才算知。墨子曾說「口言之，身必行之」，否則「是蕩口也」[7]。「蕩口」一詞再傳神不過！我們看墨子怎麼批評當時的諸侯，他說：

> 今天下諸侯，將猶多攻伐并兼，則是有譽義之「名」，而不察其「實」也。此猶盲者之與人同命白黑之「名」，而不能分其「物」也。則豈謂有別哉？（〈非攻下〉）

墨子之意是盲人只知白黑之「名（概念）」，無法以行為取（分辨）白黑之「物」，是不能知。諸侯只知譽義之「名」，不察（取）其「實」，便與盲人無異。

　　再來是尹文，班固列入名家，其實他通於法家。韓非曾徵引尹文教導齊宣王治國在「固握賞罰之利器」的史事[8]。韓非當然精讀過尹文的著作。尹文說：

> 名也者，正形者也。形正由名，則名不可差。故仲尼云：「必也正名乎，名不正，則言不順也。」……有名以檢形，形以定名，名以定事，事以檢名，察其所以然，則形名之與事物，無所隱其理矣……名者，名形者也；形者，應名者也。然形非正名也，名非正形也，則形之與名，居然別矣。……故形名者不可不正也。善名命善，惡名命惡，故善有善名，惡有惡名。……名、稱者何？彼此而檢虛實者也。自古至今，莫不用此而得，用彼而失，失者由名分混，得者由名分察。今親賢而疏不肖，賞善而罰惡。賢不肖善惡之名宜在彼，親疏賞罰之稱宜屬我。

---

6 〈經下〉47 條「知其所不知，說在以名取。」「以名取」是「以名取實」之省。
7 張純一：《墨子集解・貴義》，頁 570-571。
8 《韓子淺解・內儲說上》，頁 239。

故曰名、稱者不可不察也。……名宜屬彼，分宜屬我。我愛白而憎黑，好膻而惡焦，白黑膻焦，彼之名也，愛憎好惡，我之分也。定此名分，則萬事不亂也。（《尹文子・大道》）

這一段話有三個要點即：「形名相應」；「形名相正」；「名稱相別」。「形名相應」，才能「名以檢形」，「事以檢名」。這與鄧析、墨子的看法一致，而荀子也是「制名以指實」（《荀子・正名》）。「形名相正」，就是名以正形，形以正名，否則「形非正名也，名非正形也，則形之與名，居然別矣。……故形名者不可不正也。」形名相正，則「善名命善，惡名命惡，故善有善名，惡有惡名」。尹文在此傾向於孔子的「正名」主義，所以他引孔子的話：「必也正名乎。」荀子也循這一路數，他說：「聖人先務正名，名正則是非明」（〈正名〉）。至於「名稱相別」則是基於「正名分」的發揮。「賢不肖善惡之名宜在彼，親疏賞罰之稱宜在我。」「彼」是群下；「我」是人君。「稱」，有審定、回報之義。群下有「賢、不肖、善、惡」之「名」，人君必須「名以檢行」，審定群下之「名」的「虛實」。形、名相副爲「實」；反之則爲「虛」。賢、善爲「實」，人君則「親」之「賞」之；不肖、惡是「虛」，人君則「疏」之「罰」之。這就是「察名、稱」。

以上這些思想史的知識，對韓非有何影響？

韓非在〈揚權〉說：「名正物定」，意思是名實（物）相副，或形名相應。這在管子、鄧析是「按實定名」；在孔子是「必也正名」；在墨子是「名實耦合」；在尹文是「名以定事」，在荀子是「名定實辨」。管子是「修名督實」；鄧析是「循名責實」；孔子是「名正言順」；墨子是「以名取實」；尹文是「名以檢形」或「以名稽實」；荀子是「名以指實」。韓非則接受鄧析的「循名責實」（〈定法〉）。他也有自己的說法：如〈外儲說左上〉的「考實按形」；

〈二柄〉的「審合刑名」;〈主道〉的「形名參同」、「同合刑名」;
〈揚權〉的「周合刑名」等。其中思想源流分明。

從「按實定名」到「循名責實」,仍屬認識論層次。到了韓非的
「循名實而定是非」(姦劫弒臣),則已將「循名責實」轉向方法
論的領域。韓非在〈二柄〉說:

> 人主將欲禁姦,則審合刑名。刑名者,言與事也。為人臣者陳
> 其言,君以其言授之事,專以其言責其功。功當其事,事當其
> 言則賞,功不當其事,事不當其言則罰。[9]

「審合刑名」就是「循名責實」。在此韓非將「循名責實」用來「禁
姦」、「責功」和「行賞罰」。這顯然是得自尹文「察名稱」的啓
示。韓非在〈主道〉說:

> 明君……虛靜以待之,令名自命也,令事自定也。……言者自
> 為名,有事者自為形,形名參同,君乃無事焉。[10]

在〈揚權〉說:

> 虛靜無為,道之情也。

「形名參同」是「循名責實」的不同說法。到此,韓非又引進道家
的無為思想,融合「循名責實」這一方法,使「君無事」而臣有為。
這是術的運用。所以韓非說:「君操其名,臣效其形。」(〈揚權〉)
又說:「以刑名收臣」。(〈難二〉)顯然,韓非說的「虛靜無為」
不是道家的放任自由不加干擾,而是傳承申不害的「善為主者……
竄端匿跡,示天下無為」的術。也就是「名自正也,事自定也」,
「為人君者操契以責其名」。(《申子·大體》,《群書治要》卷
三十六引)

依上所述,可以說:韓非以「循名責實」作為運術行法(賞罰),

---

9 《韓子淺解》,頁44。
10 《韓子淺解》,頁28。

使君無爲而臣有爲的方法。太史公說韓非喜「形名法術之學」，法術靠形名運作，將「形名」置於法術之上，真是慧眼之見。這一方法論，韓非有得自於歷史教訓，也有他自己的創見。

至於「因參驗而審言辭」，主要是承受了墨子的啓發。墨子說：「凡出言談、由文學之爲道也，則不可而（以）不先立儀法。」[11]儀法就是標準。思想、言論一定要有個標準，否則就無從分辨是非利害。所以墨子接著說：「言而毋儀……是非利害之辨，不可得而明知也。」因此，墨子主張「言必有三表」：

有本之者：上本之於古者聖王之事。

有原之者：下原察百姓耳目之實。

有用之者：發以爲刑政，觀其中國家百姓之利。[12]

第一表是要根據過去歷史上統治者成功的經驗；第二表是要觀察現在眾多百姓的實際經驗；第三表是要檢證結果有利國家人民。可見三表的精義是，在經驗上善而且有功用。有利國家人民便是功用。墨子認爲依據這三個標準的思想言論，才是在經驗上善而有功用的思想言論。

韓非認取墨子這個知識方法。韓非在〈姦劫弒臣〉說：「因參驗審言辭」。「言辭」是思想言論，「參驗」是檢驗。〈顯學〉篇有「參驗」的例子：

夫視鍛錫（金錫做的劍）而察青黃，區冶（善鑄劍者）不能以必劍（判斷劍的好壞），水擊鵠雁，陸斷駒馬，則藏獲（奴僕）不疑鈍利。發齒吻形容，伯樂不能以必馬，授車就駕而觀其末塗（途），則藏獲不疑駑良。觀容服，聽辭言，仲尼不能以必

---

11 張純一：《墨子集解·非命中》，頁 325。
12 張純一：《墨子集解·非命上》。三表法見於〈非命上中下〉三篇，內容大同小異。

士，試之官職，課其功伐，則庸人不疑於愚智。[13]

這裏用兩個比喻：區冶視鍛錫察青黃，不能以必劍；伯樂發齒吻形容，不能以必馬。兩則史事：孔子以容取人，失之子羽（觀容服）；以言取人，失之宰予（聽辭言）。來說明通過「參驗」才能正確判斷「言辭」的可行性。

　　韓非認爲「參驗」言辭還要用「四徵」去度量。他在〈八經〉說：

　　　言會眾端，必揆之以地，謀之以天，驗之以物，參之以人。四

　　　徵者符，乃可以觀矣。[14]

如此用地利、天時、物理、人情四徵去檢驗言辭，比較能看清事實，判斷正確。所以韓非自信的說：「乃可以觀矣」。在此可以看出，韓非在墨子「三表法」的基礎之上有所精進。

　　韓非就用「參驗」的方法去「審」各家的言辭，也建立了自己的理論。譬如他在〈顯學〉篇批評儒墨說：

　　　殷、周七百餘歲，虞、夏二千餘歲，而不能定儒、墨之真，今

　　　乃欲審堯舜之道於三千歲之前，意者其不可必乎！

　　　無參驗而必之者，愚也；弗能必而據之者，誣也。故明據先王，

　　　必定堯舜者，非愚則誣也。[15]

　　「循名實而定是非，因參驗而審言辭」，是韓非知識方法論的綱要。這裏韓非有接受自歷史的知識（思想史），也有主觀的透視，加入了自己的思想。

第二節　自利的人性觀

　　韓非沒有完整的人性論，但對人性也有其觀點。韓非的人性觀當

---

13 《韓子淺解》，498-499。
14 《韓子淺解》，頁 455。
15 《韓子淺解》，頁 492-493。

然受「存在因素」如歷史、社會和文化經驗影響，也靠他敏銳的觀察力。從歷史和文化經驗的角度看，影響韓非人性觀的，有儒家、墨家和法家。以歷史人物看，主要是墨子、慎到、商鞅，而韓非的老師荀子也有些影響。然而朱守亮的《韓非子釋評》（第一冊，頁33），趙曉耕的《韓非子》（頁 49、73）卻以為，韓非的人性觀只是繼承和發展荀子的性惡說，則是把問題看得太簡單了。

嚴靈峰先生說：「可以說墨子，是在中國歷史上赤裸裸地暴露了人的弱點：自愛（自私）（Self-love selfish）為一切禍亂的根源之第一個人。」[16]

墨子在〈兼愛上〉說：

> 子自愛不愛父，故虧父而自利。弟自愛不愛兄，故虧兄而自利。臣自愛不愛君，故虧君而自利。此所謂亂也。雖父之不慈子，兄之不慈弟，君之不慈臣，此亦天下之所謂亂也。父自愛也不愛子，故虧子而自利。兄自愛也不愛弟，故虧弟而自利。君自愛也不愛臣，故虧臣而自利。是何也？皆起不相愛。[17]

〈兼愛中〉又說：

> 今諸侯獨知愛其國，不愛人之國，是以不憚舉其國以攻人之國。今家主獨知愛其家，不愛人之家，是以不憚舉其家以篡人之家。今人獨知愛其身，不愛人之身，是以不憚舉其身以賊人之身。……凡天下禍篡怨恨其所以起者，以不相愛生也。[18]

王讚源教授的詮釋為：「以上這兩段話，墨子並沒有提到『自私』二字，但一個人獨知自愛不愛別人，所以不怕『賊人之身』、『篡人之家』、『攻人之國』，而虧人自利，這顯然是自私心的行為表

---

16 嚴靈峰：《墨子簡編》，頁 55。1968 年，台灣商務印書館，台北。
17 張純一：《墨子集解》，頁 136-137。
18 《墨子集解》，頁 140-141。

現。因此我們可以推知，墨子在說『子自愛不愛父，故虧父而自利』或『今人獨知愛其身，不愛人之身，是以不憚舉其身以賊人之身』」這些話時，他心中已預設了『人性是自私的』這一觀點。」[19]

　　嚴、王二氏都是聞名的墨學專家，他們的研究成果值得相信。另外，墨子在〈法儀〉篇說：

> 天下之為父母者眾，而仁者寡。……天下之為學者眾，而仁者寡。……天下之為君者眾，而仁者寡。[20]

天下為父母、為學、為君的人「眾多」，而能仁的人「寡少」。這就是韓非說：「蓋貴仁者寡，能義者難也」[21]的張本。在此，墨、韓兩人並非全然否定人能行善的可能。墨子又在〈天志上〉說：「我欲福祿而惡禍崇」[22]這裏指出人性好利惡害。同樣的話常常出現在《韓非子》書中。

　　法家思想最早被稱述的，首推慎到。莊子〈天下〉篇，荀子〈非十二子〉、〈解蔽〉兩篇都曾批評他。班固說他「先於申韓，申韓稱之。」慎到在法家是尚勢派的代表，對韓非的政治哲學起過重要影響。他對人性的見解也完全被韓非所吸收。慎到有關人性的討論有三段文字：

> 天道因則大，化則細。因也者，因人之情也。人莫不自為也，化而之為我，則莫可得而用矣。……人不得其所以自為也，則上不取用焉。故用人之自為不用人之為我，則莫不可得而用矣。此之謂因。[23]
>
> 匠人成棺，不憎人死，利之所在，忘其醜也。[24]

---

19 王讚源：《墨子》，頁192-193，1996年，東大，《世界哲學家叢書》，台北。
20 《墨子集解》，頁32。
21 《韓子淺解・五蠹》，頁472。
22 張純一：《墨子集解》，頁241。
23 《慎子・因循》。
24 《慎子、逸文》。

家富則疏族聚，家貧則兄弟離，非不相愛，利不足相容也。[25]
第一段指出「人莫不自爲」，是說「自爲」乃人普遍的天性；而且
認爲政治要順著「自爲」的天性才有效用。二、三兩段可以看出「好
利」也是人性。好利必然惡害，那是一體的兩面，所以完整的說「好
利惡害」是人性。而且人莫不自爲，自爲必然自利，因此可以說人
性「好利惡害」。歸納三段文意，慎到的人性觀是：人性是「自爲
自利」、「好利惡害」，政治要順著這種人性去運作才有效果。慎
到與墨子一樣認爲人性「自私自利」、「好利惡害」，但提出的政
策不同。墨子的政策是「兼愛」；慎到則爲「法制」。[26]

荀子是韓非的老師。荀子主張性惡，韓非對人性卻未作善惡的評
價[27]。荀子在〈性惡〉篇說：「凡性者，天之就也，不可學，不可事。……
不可學，不可事，而在人者，謂之性。」荀子另有〈天論〉篇，可
知「天之就」的「天」指自然。人性由「今人之性，生而好利焉。」
荀子的人性「自然」和「好利」說影響了韓非。韓非在〈顯學〉篇
就說：「夫智，性也；壽，命也。性命者，非所學於人也。」在〈難
二〉篇也說：「好利惡害，夫人之所有也。」

商鞅一樣認爲人性「好利惡害」，他說：

民之有欲、有惡也。欲有六淫，惡有四難。（《商君書·說民》）

---

25 《慎子·逸文》。
26 《慎子·威德》說：「法雖不善，猶愈於無法，所以一人心也。夫投鉤以分財，投策
以分馬，非鉤策爲均也，使得美者，不知所以德，使得惡者，不知所以怨，此所以塞
願望也。」從這段話可以看出慎到要拿「法」來一人心。
27 王讚源：《中國法家哲學》，頁100：「值得注意的是，韓非論性重在考察人性的真
象，不重在善惡的評價。」張純·王曉波：《韓非思想的歷史研究》頁78：「韓非
並不是以爲人性有先驗的善惡，而是以自利之「自爲心」爲人性之實在者，……韓非
還明白的說出，雖然人的行爲受利所決定，但是，出自於「自爲」「好利」的行爲，
並不一定就惡，也不一定就善。」傅隸樸：《國學概論》頁375，〈韓非並不承受荀
子思想〉：「論韓非思想者，多以其嚴刑峻法，實承受荀卿性惡之說而來，此真耳食
之談，韓非法制思想全採商鞅之說，輕罪重罰，是商鞅的刑法精神。商鞅的年輩前於
荀卿，若以重罰本於惡，則商鞅豈不成了荀卿的大弟子了嗎？」

民之於利也，若水之於下也，四旁無擇也。民徒可以得利，而
為之者。（《商君書‧臣民》）

這兩段話指出，人性普遍「好利惡害」。商鞅在〈錯法〉篇更進一
步的說：

人生而有好惡，故民可治也。人君不可不審好惡，好惡者賞罰
之本。夫人情好爵祿而惡刑罰，人君設二者以御民之志。

商鞅這種因人情之「好惡」，設賞罰以御民志的說法，比慎到的「因
人之情」更具體化。雖然慎到在〈因循〉說：「因人之情也。人莫
不自為也，……用人之自為，不用人之為我」，在〈威德〉說：「法
雖不善，猶愈於無法，所以一人心也。」合著看，慎到與商鞅的意
旨沒大差別。然而，慎到分開說，而且沒有「好惡者賞罰之本」說
得具體明白。不過二者之意旨，都被韓非吸納了。韓非說：

（人）皆挾自為心也。（〈外儲說左上〉）

聖人之治國也，固有使人不得不為我之道，而不恃人之以愛為
我也。……故設利害之道以示天下而已矣。（〈姦劫弒臣〉）

夫聖人之治國，不恃人之為吾善也，而用其不得為非也。恃人
之為吾善也，境內不什數，用人不得為非，一國可使齊。為治
者用眾而舍寡，故不務德而務法。（〈顯學〉）

這三段文字顯然學自慎到。尤其〈外儲說左上〉的「人皆挾自為心」，
正是慎到所謂「人莫不自為」的翻版。然而韓非更為深化，已從人
性觀擴充到政治理論。韓非又說：

凡治天下必因人情，人情有好惡，故賞罰可用，賞罰可用，則
禁令可立，而治道具矣。（〈八經〉）

人情莫不出其死力以致其所欲，而好惡者，上之所制也，民者
好利祿而惡刑罰，上掌好惡以御民力，事實宜不失矣。（〈制
分〉）

以上這兩段話是商鞅〈錯法〉之言的翻版，只是韓非說得更爲完整。韓非己伸展到寓禁令於賞罰，寓治道於禁令。他從「因人情」到「治道具」，完整地論及政治建基於人性的問題。

人性普遍「好利」或「好利惡害」的觀點，韓非在其他篇章多所發表，如：

> 人情皆喜貴惡賤。（〈難三〉）
>
> 夫民之性，惡勞樂佚。（〈心度〉）
>
> 人焉能去安利之道，而就危害之道。（〈姦劫弑臣〉）
>
> 好利惡害，夫人之所有也，……喜利畏罪，人莫不然。（〈難二〉）
>
> 民之故計，皆就安利，如辟（避）危窮。（〈五蠹〉）
>
> 人無愚智，莫不有趨舍（趨利捨害）．（〈解老〉）
>
> 凡人之有爲也，非名之，則利之也。（〈內儲說上〉）
>
> 利之所在，民歸之；名之所彰，士死之。（〈外儲說左上〉）

從以上的討論可知：「人性天生自然」，「人性自愛自利」，「人性自爲自利」，「用人之自爲，不用人之爲我」，「人性好利」或「人性好利惡害」，「上者因人之情以法一人心」，以及「人主因人好利惡害之性，設賞罰以制民志」等觀點，是韓非承受自歷史的知識（思想史），形成自己的思想。然而韓非的人性論也有得自他對現實人生的觀察。例如〈六反〉篇說：

> 父母之於子也，產男則相賀，產女則殺之。此俱出父母之懷袵，然男子則受賀，女子殺之者，慮其後便，計之長利。故父母之於子也，猶用計算之心以相待，而況無父子之澤乎！

中國傳統的確有重男輕女的習俗。二十一世紀的現代，仍不乏其例，追根究柢，這是「自私自利」的人性在作祟。正如韓非說的「慮其後便，計之長利。」〈外儲說左上〉說：

人為嬰兒也，父母養之簡，子長而怨。子盛狀成人，其供養薄，父母怒而誚（責）之。子父至親也，而或譙或怨者，皆挾相為而不周於為己也。夫買庸而播耕者，主人費家而美食，調錢布而求易（善）者，非愛庸客也，曰：「如是，耕者且深，耨者熟耘也。」庸客致力而疾耕耘，盡巧而正畦陌者，非愛主人也，曰：「如是，羹且美，錢布且易也。」此其養功力；有父子之澤矣，而心周於用者，皆挾自為心也。[28]

這一段文字有兩個例示，前者以父母與人子為例，說「父母養之簡，子長而怨」；人子「供養薄，父母怒而誚之」。後者以主人與庸客為例，說主人待庸客好是為了績效；庸客努力幹活是為了得獎賞。以此說明人人都是「自利」，誠如韓非的結論：「皆挾自為心也」。「皆挾自為心」就是慎到說的「人莫不自為」（《慎子·因循》）。這是韓非承受歷史的知識，形成自己的思想，為了宣揚這個思想，又以事實經驗來說明或強調這一思想的正確性。韓非在〈六反〉篇又說：

夫陳輕貨於幽隱，雖曾、史可疑也；懸百金於市，雖大盜不取也。不知，則曾、史可疑於幽隱；必知，則大盜不取懸金於市。

曾、史是曾參和史鰌，曾參因行仁著稱，史鰌以行義聞名。韓非在此徵引兩個歷史人物，說明人性「好利惡害」，然其中也存在著環境條件的制約。或許這是韓非不說性善或性惡的理由吧。

政治學者牟根索（H.Morgentgau）說：「一切政治現象，都受人性的影響，所以瞭解人性，乃是瞭解有關政治各種法則的唯一途徑。」[29]

自為或自利的人性觀是韓非政治哲學的一個重要基石，我們可以

28　《韓子淺解》，頁 280-281。
29　廖中和：〈國際政治上的現實主義與理想主義〉，1972 年，《幼獅月刊》，三五卷，一期。

由此去瞭解韓非政治哲學的各種法則。而韓非這種自利的人性觀可從他徵史的過程中看出思想塑形的痕跡。

第三節　功用的價值觀

「價值」一辭，英文作 Value，根據《牛津高級英語辭典》的解釋是：

> Value:quality of being useful or desirable.(價值：有用性、重要性。)[30]

這本普遍通行的英文辭典對「價值」一辭提出兩點界定：一個是「有用性」；另一個是「重要性」。凡人思想與行為，常常以價值為標準，可見價值的有用性和重要性。

「價值」原為經濟學名詞，用以討論物質的使用和交換價值。十九世紀，現代價值哲學（Value philosophy）之父洛宰（H.Lotze 1817-1881）首先於其論著中引用此字。其後價值問題才成為哲學思考的主要問題之一。由美國、西德、意大利、奧地利、瑞士和日本六國，布魯格（W.Brugger）等三十四位教授合撰的《西洋哲學辭典》說：

> Value 價值：
>
> 內容完美而引起希求的存有本身即係價值。實質上善與價值完全是一而二，二而一的。價值之所以應為一切事物之標準的終極基礎，在於存有絕對超過非存有。
>
> Value Ethics 價值倫理：
>
> 現象學（Phenomenology）派的價值倫理認為：價值使希求成

30　A.S Hornby:Oxford Advancced Learner's Dictionary of Current English.張芳杰主編:《牛津高級英英英漢雙解辭典》，1984 年，東華書局，台北。

為有意義。價值不是應該，而是應該的基礎。[31]

　　根據以上的界定，「價值為一切事物之標準的終極基礎」；「價值使希求成為有意義」；「價值是應該的基礎」。人的思想、言辭和行為都屬於「事」，那麼在正常的情況之下，思想、言辭和行為，無論單一進行，或兩者或三者同構，其背後都必然有某種「價值觀」作標準、作基礎的。因為「價值」是「應該」的基礎，而且使「希求」成為「有意義」。準此以觀，韓非的哲學思想必有他的價值觀作基礎。論說及此的，在我們收集到有關韓非思想的論著之中，首先是 1972 年，王讚源先生的《韓非與馬基維利比較研究》[32]，1989年出版的《中國法家哲學》[33]，王先生兩本書都說，「實效功利的價值觀」是韓非哲學的重要基石。同樣是 1972 年，楊日然先生〈韓非法思想的特色及其現實主義〉一文也說：「韓非的法理，就建立在這一功利主義的價值觀之上」[34]。接著，1977 年，王邦雄先生的《韓非子的哲學》[35]，1994 年，高柏園先生的《韓非哲學研究》[36]也都持相同的看法。

　　我們看韓非自己怎麼說：

　　　　夫言行者，以功用為之的彀（標準）者也。

　　　　夫砥礪殺矢而以妄發，其端未嘗不中秋毫也，然而不可謂善射者，無常儀的（的彀、鵠、標準）也；設五寸之的，引十步之遠，非羿、逢蒙不能必中者，有常儀的也。故有常則羿、逢蒙中五寸的為巧；無常則以妄發之中秋毫為拙。今聽言觀行，不以功用為之的彀，言雖至察，行雖至堅，則妄發之說也。（〈問

---

31 布魯格：《西洋哲學史》，項退結譯，頁 440-442，台北，國立編譯館。
32 王讚源：《韓非與馬基維利比較研究》，頁 25-29，1972 年，幼獅月刊社，台北。
33 王讚源：《中國法家哲學》，頁 105-107。
34 台灣大學《法學論叢》，頁 286，第一卷第二期，1972 年。
35 王邦雄：《韓非子的哲學》，頁 120-130，1977 年，東大，台北。
36 高柏園：《韓非哲學研究》，頁 61-66，1994 年，文津，台北。

　　辨〉）

「的彀」、「儀的」，皆指箭靶的中心，今稱紅心。本文指「標準」。
羿即后羿，夏有窮氏之君，善射。逢蒙，夏善射者，學射於羿。韓
非這段話，徵引后羿、逢蒙兩人善射的史實，用來比喻「功用」（韓
非認定的價值）是「言行」（事）的「的彀」標準。換言之，韓非
徵引后羿及逢蒙善射的「史事」，來證成「夫言行者，以功用爲之
的彀者也」這一思想的正確性。我們從此即可看出，「功用」是韓
非認定的「價值」。所以，「功用」是韓非的價值觀。根據「功用
的價值觀」作標準，韓非才說：「今聽言觀行，不以功用爲之（其）
的彀，言雖至察，行雖至堅，則妄發之說也。」相同的觀點也出現
於其他篇章，如：

　　明主聽其言必責其用，觀其行必求其功。（〈六反〉）

　　有道之主，聽言督其用，課（試）其功，功課而賞罰生焉。故
　　無用之辯不留朝。（〈八經〉）

　　人主者，守法責成以立功者也。（〈外儲說右下〉）

　　權其難而事成則立之；事成而有害，權其害而功多則為之。……
　　出其小害，計其大利也。……先聖有言曰：「規有摩而水有波，
　　我欲更之，無奈之何。」通權之言也。是以說有必立而曠於實
　　者，言有辭拙而急於用者，故聖人不求無實之言，而務無易之
　　事。（〈八說〉）

上面引〈八說〉篇所謂「通權」，即通達權衡。摩，滅。圓規有用，
但會用壞；水有大用，但波浪也會釀災。這是客觀現象，有時主觀
希望也無可奈何。然而洞明事理的人知所「通權」，就會「權其難
而事成則立之；事成而有害，權其害而功多則為之。」也就是「出
其小害，計其大利也。」韓非徵引「先聖之言」就是說明這種通達
權衡的道理。早於韓非（280-233 B.C）約兩百年的墨子（468-390 B.C）

在〈大取〉篇說：「利之中取大，害之中取小也。害之中取小，非取害也，取利也。其所取者，人之所當執。」也就是《墨經》說的「欲正權利，惡正權害」[37]。「正權利」是利中取大；「正權害」是害中取小。墨子之書韓非肯定讀過，從思想史看，韓非的「通權」應是墨子「正權」的歷史傳承。

先秦諸子之中注重「標準」這一概念的，首推墨子。墨子有〈法儀〉篇專門探討「標準」的內涵。〈法儀〉篇說：

> 天下從事者不可以無法儀，無法儀而其事能成者無有也。

墨子說「法儀」、「儀」，韓非說「的彀」或「儀的」、「的」、「儀」，便是今天說的「標準」。墨子強調「法儀」的客觀性、明確性，和長久有效性，正是「標準」這一概念所代表的精確界說[38]。墨子認為言談之前要先立標準，他說：

> 凡出言談、由（為）文學，不可以不先立儀（標準）而言。（〈兼愛下〉）

> 言必立儀。言而毋（無）儀，……是非利害之辯（辨），不可得而明知也。故言必有三表。（〈非命上〉）

墨子以「三表法」為言論的標準。「三表法」的內容，本章第一節已經討論，毋須贅述。「三表法」的精義是「在經驗上善而有功用」。「在經驗上善而有功用」是墨子的價值觀。「言必有三表」，就是說，凡言論必須以經驗上善而有功用為標準。所以墨子說：

> 用而不可雖我亦將非之，且焉有善而不可用者。[39]

又說：

> 言足以遷行者常之，言不足以遷行者勿常，不足以遷行而常

---

37 李漁叔：《墨辯新注》，頁114，〈經上〉84條：「權：欲正權利，惡正權害。」〈經說上〉：「權：權者兩而勿偏。」

38 王讚源：《墨子》，第三章第五節〈知識的標準〉，第四章第一節〈法儀與三表法〉。

39 張純一：《墨子集解·兼愛下》，頁156。

之，是蕩口也。[40]

墨子說：「言必有三表」，韓非說：「夫言行者，以功用爲之的彀者也」；墨子以言不足以遷行而常之是「蕩口」，韓非以言行不合功用爲「妄發之說」；墨子以利中取大害中取小爲「正權」，韓非以出其小害計其大利爲「通權」。兩相比較，思想的歷史傳承，有如日月，清楚可見。

墨子的價值觀是功用或功利的；韓非的價值觀也是功用或功利的。只是後者的目標是君王；前者的目標則是萬民。墨子的「興天下之利，除天下之害」[41]，對象是芸芸眾生；韓非卻以君王的功利爲功利。墨子爲百姓請命；韓非卻爲君王設想。或許是因爲墨子出身賤民；韓非的身份是貴族吧。[42]

韓非實效功用的價值觀，作爲他思想言論的標準，充分發揮於《韓非子》文本之中，尤其〈五蠹〉、〈顯學〉、〈六反〉、〈詭使〉、〈八經〉、〈八說〉、〈問辯〉等篇，最爲顯著。

第四節　演變的歷史觀

韓非歷史觀的思想淵源，有來自荀子和商鞅，也有他自己觀察所得的歷史教訓。

儒墨向來是託古改制，或託古立言。法家則能適應時代現實需要多主變古求治。但儒家的荀子重認知師法，已有經驗主義的性格傾向[43]，故不推尊先王，而另主「法後王」之說，〈非相〉篇說：

　　欲觀聖王之跡，則於其粲然者矣，後王是也。彼後王者，天下

---

40 張純一：《墨子集解·貴義》，頁 570-571。
41 張純一：《墨子集解·兼愛中下》，頁 139、152。
42 王讚源：《中國家哲學》，頁 105。
43 徐復觀：《中國人性論史》，頁 224：「欲了解荀子的思想，須先了解其經驗地性格。即是他一切的論據，皆立足於感官所能經驗得到的範圍之內。」

之君也。舍（捨）後王而道上古，譬之是猶舍己之君而事人之
君也。……五帝之中無傳政，非無善政也，久故也。禹湯有傳
政，而不若周之察也，非無善政，久故也。傳者久則論略，近
則論詳。

這段話是說先王並非無善政可法，而是傳「久則論略」，不如後王
傳「近則論詳」。〈不苟〉篇更說：「百王之道，後王是也。」因
爲後王多積習先王善政，不僅可知其詳，也可得其統[44]。於此一點上，
韓非的看法與其師荀子相同，〈顯學〉篇說：

孔子、墨子俱道堯舜，而取舍不同，皆自謂真堯舜，堯舜不復
生，將誰使定儒、墨之誠乎？殷、周七百餘歲，虞、夏二千餘
歲，而不能定儒、墨之真，今乃欲審堯舜之道於三千歲之前，
意者其不可必乎！無參驗而必之者，愚也。弗能必而據之者，
誣也。故明據先王，必定堯舜者，非愚則誣也。

韓非這段批判儒墨法先王的言論，其理由也在傳世長久而無可驗
證（參驗）一端。可見韓非變古之治道的理論基礎承自師說。然精
神大異，結論也大有不同[45]。

韓非的演變歷史觀，主要是受商鞅的影響。《商君書・開塞》說：

天地設而民生之，當此之時，民知其母而不知其父，……賢者
立中正，設無私，而民說仁。……然則上世親親而愛私；中世
上賢而說（悅）仁；下世貴貴而尊官。上賢者，以道相出（以
道出其私）也。而立君者，使賢無用也。親親者，以私爲道也。
而中正者，使私無行也。此三者，非事相反也，民道弊而所重
易也，世事變而行道異也。

---

44 陳大齊：《荀子學說》，頁180：「所以後代的法度中，藏有前代法度的遺跡，後代
　　的法度是前代法度的集大成。」1966年，中華文化出版事業社，台北。
45 王邦雄：《韓非子的哲學》，頁135。

商鞅這段話把歷史分上中下三期加以考察，三世之分，說明時代不
同。時代不同，發生的事情自然不同。事情不同，對治的措施，也
自然隨著改變。「親親而愛私」是對治「上世」的措施；「上賢而
悅仁」是對治「中世」的措施；「貴貴而尊官」是對治「下世」的
措施。之所以如此，商鞅的解釋是「民道弊而所重易也，世事變而
行道異也」，價值取向已經「易」，「世事」（客觀存在因素如封
建崩潰、諸侯兼併、商業興起等）」已經變化，治道必須隨著改變
才行（有效）。「下世」是指商鞅面臨的時代[46]，這時各國都要中央
集權，所以要「貴貴」，貴貴就是尊君，君要臣效死力，所以要「尊
官」。

　　商鞅認為面臨「下世」，只有「貴貴而尊官」才是對策，用不著
「親親」、「悅仁」和「尚賢」，因此〈開塞〉篇接著說：「聖人
不法古、不修（循）今，法古則後於時，修今則塞於勢。周不法商，
夏不法虞，三代異勢，而皆可以王。故興王有道，而持之異理。」
這段話明白點出法古、循今是違背「時、勢」；也指出「周不法商，
夏不法虞⋯⋯皆可以王」的歷史教訓，證明「世事變而行道異」的
正確性。變法的主張已呼之欲出。也就是說，商鞅演變的歷史觀，
已為他變法的主張，奠下了理論的基礎。

　　商鞅的變法主張，是在秦孝公面前與甘龍、杜摯論辯時提出的，
其內容載於今本《商君書・更法》及《史記・商君列傳》。更法就
是變法。〈更法〉篇說：

---

46 馮友蘭：《中國哲學史》頁 387 把上中下三世說是「春秋戰國時之歷史」，顯然與〈開
　塞〉篇從「天地設而民生之」算起不合；馮氏把「下世」訂於「戰國末期」與史實不
　符，因商鞅死後一百多年戰國時代才結束。馮氏《中國哲學史新編》二冊頁 22，把
　「上世」訂於「西周到戰國之間」，仍然錯誤。把「下世」訂於「戰國以來」，算比
　較正確。羅根澤〈晚周諸子反古考〉（《古史辨》第六冊頁 29-30）把「下世」也定
　在「戰國末年」，其不符史實與馮氏相同。王曉波《先秦法家思想史論》頁 163 說：
　「《下世》」實為將來臨的新時代。筆者認為「下世」包含商鞅所處的時代及將來臨
　的新時代。

> 三代不同禮而王，五霸不同法而霸。故知者作法而愚者制焉，
> 賢者更禮而不肖者拘焉。前世不同教，何古之法？帝王不相
> 復，何禮之循？伏羲神農，教而不誅；黃帝堯舜，誅而不怒；
> 及至湯武：各當時而立法，因事而制禮。禮法以時而定，制令
> 各順其宜，兵甲器備，各便其用。臣故曰，治世不一道，便國
> 不必法古。湯武之王也，不修古而興，殷夏之滅也，不易禮而
> 亡，然則反古者未必可非，循禮者未足多是也。

這一段文字內，徵引「三代」、「五霸」、「伏羲、神農」、「黃
帝、堯、舜」等十三則史事，來證立「治世不一道，便國不必法古」
的思想。於是商鞅提出「當時而立法，因事而制禮。禮法以時而定，
制令各順其宜」的變法主張。就在孝公的信任之下，商鞅實行變法，
秦於是國富兵強。

　　商鞅變法強秦的歷史，韓非在〈難言〉、〈內儲說上〉、〈和氏〉、
〈姦劫弒臣〉、〈問田〉和〈定法〉諸篇都有所徵引，可見他對這
一史事之熟悉及重視。且舉一篇以概其餘。〈姦劫弒臣〉說：

> 商君說秦孝公變法、易俗而明公道，賞告姦，困末作而利本事。
> 當此之時，秦民習故俗之有罪可以得免，無功可以得尊顯也，
> 故輕犯新法。於是犯之者其誅重而必，告之者賞厚而信。故姦
> 莫不得而被刑者眾，民疾怨而眾過日聞。孝公不聽，遂行商鞅
> 之法，民後知有罪之必誅，而告姦者眾也。故民莫犯，其刑無
> 所加，是以國治而兵強，地廣而主尊。此其所以然者，匿罪之
> 罰重，而告姦之賞厚也。此亦使天下必為己視之道也。至治之
> 法術已明矣，而世學者弗知也。

在此韓非完全肯定商鞅變法的成果，譽之為「至治之法術已明矣」。
值得注意的是，韓非把「匿罪之罰重，而告姦之賞厚」當作「術」
的運用，所以他說：「此亦使天下必為己視聽之道也」。

　　韓非學習商鞅歷史分期的作法，他在著名的〈五蠹〉篇說：「上古競於道德，中世逐於智謀，當今爭於氣力。」同時又把有巢氏教民構木爲巢，燧人氏教民鑽燧取火，訂爲「上古之世」；鯀、禹決瀆（溝）治水，訂爲「中古之世」；湯、武征伐桀紂，訂爲「近古之世」，自身面臨的時代，訂爲「當今之世」。然後說：

> 今有構木鑽燧於夏后氏之世者，必爲鯀、禹笑矣；有決瀆於殷周之世者，必爲湯笑矣。然則今有美堯、舜、湯、武、禹之道於當今之世者，必爲新聖笑矣。是以聖人不期修古，不法常可，論世之事，因爲之備。……事因於世，而備適於事，……古今異俗，新故具備。

韓非認爲歷史有階段性，不同的時段，有不同的事情發生，不同的事情發生，就用適當的辦法處理。世界上沒有一種不變的模式能處理好萬變的新事物。所謂「世異則事異」，「事異則備變」。韓非徵引這麼多史事，就在說明這個道理。這是韓非演變的歷史觀。「聖人不期修古，不法常可」，乃演變史觀應有的心態。「論世之事，因爲之備」，則爲演變史觀的做事原則。韓非以「守株待兔」的寓言，諷刺「今欲以先王之政，治當世之民」的那些人。

　　韓非說：「聖人不期修古，不法常可」；而商鞅云：「聖人不法古，不修（循）今」[47]；「聖人苟可以彊國，不法其故，苟可以利民，不循其禮。……治世不一道，便國不必法古」[48]。兩相比較，明顯的看出韓非的話，正取自商鞅之意而不取商鞅之句。商鞅又說：「當時而立法，因事而制禮，禮法以時而定，制令各順其宜」[49]；「因世而爲之治，度俗爲之法」[50]。韓非則道：「論世之事，因爲之備。……

---

47 朱師轍：《商君書解詁定本・開塞》，頁 32，1975 年，河洛圖書出版社，台北。
48 同註 47，〈更法〉，頁 2。
49 同註 47，〈更法〉，頁 3-4。
50 同註 47，〈壹言〉，頁 37。

古今異俗，新故異備」；「治民無常，唯法為治，法與時轉則治，治與世宜則有功。……時移而法不易者亂，世異而禁不變者削，故聖人之治民也，法與時轉，而禁與世變」[51]可見韓非因襲商鞅之思想，斑斑可考。而以上這些言辭都是演變史觀的必然結論。

「世異則事異，事異則備變」，韓非這一思想也有得自於他自己的觀察。〈五蠹〉篇說：

> 文王行仁義而王天下，偃王行仁義而喪其國，是仁義用於古而不用於今也。故曰：「世異則事異」。當舜之時，有苗不服，禹將伐之，舜曰：「不可，上德不厚而行武，非道也。」乃修教三年，執干戚舞，有苗乃服。共工之戰，鐵銛短者及乎敵，鎧甲不堅者傷乎體，是干戚用於古不用於今也。故曰：「事異則備變」。

韓非看到周文王和徐偃王同樣行仁義，一在古成功，一在今卻失敗，所以他領悟「世異則事異」的歷史教訓或啟示。他觀察舜以德可以服有苗，征服共工則非武力不為功。他得到的啟示則為「事異則備變」。這一段文字，韓非徵引四則歷史故事，用來證立「世異則事異，事異則備變」這一觀念的正確性。

韓非雖然主張變古，但非愚昧的一味變古。韓非在〈南面〉篇說：

> 不知治者，必曰：「無變古，毋易常。」變與不變，聖人不聽，正治而已。然則古之無變，常之毋易，在常、古之可與不可。伊尹毋變殷，太公毋變周，則湯武不王矣。管仲毋易齊，郭偃毋更晉，則桓文不霸矣。凡人難變古者，憚易民之安心也。

韓非認為「常、古」之變與不變，標準在「可與不可」，並非執著求變，所以他說聖人「正治而已」。這是理性的心態。韓非的「切

---

51 陳啟天：《增訂韓非子校釋·心度》，頁 814-815、1969 年台灣商務，台北。

事情，明是非」，太史公誠不我欺也。在此，韓非又引伊尹、太公、管仲和郭偃四則史事，論證變古的正確性。也指出「人難變古」的心理因素，就在「憚易民之安」。這正是甘龍反對商鞅變法的一個理由，甘龍反變法就是為了「吏習而民安」。[52]

小　結

由以上論述，可見韓非哲學的根本思想都有其深厚的歷史淵源。考察其根本思想的內容與形成過程，其間顯示著韓非知識經驗的累積與思想內容的開展。可以啟示後人。

---

52 朱師轍：《商君書解詁定本・更法》，頁 2。

第六章　韓非子哲學體系之建立

第一節　法家三派

　　韓非在〈難勢〉、〈定法〉篇已明白說出，在他之前法家有三派：慎到重勢；商鞅重法；申不害重術。[1]三派法家的所作所爲（言行思想）對韓非而言都是歷史知識，韓非從這些歷史知識得到教訓，也從他們的思想理論吸取養分，建立自己的哲學體系。所以馮友蘭說韓非的統治術「是他綜合以前的三派學說所得出來的結論」[2]。馮友蘭所謂「韓非的統治術」，就是韓非的政治哲學。這俟下一節再行討論。本節先概述三派法家的歷史與韓非思想之關係。

一、重勢派

　　先秦法家重勢的不乏其人，其中慎到應是法家重勢派的代表人物。

　　慎到，春秋趙人，曾爲齊稷下學士。慎到的著作，《史記·孟荀列傳》說有十二論，《漢書·藝文志》卻說有四十二篇。今存《慎子》只是七篇殘餘的輯本，和一些逸文。慎到遺著不見勢論，幸賴韓非〈難勢〉篇保存下來。

　　「勢」在政治哲學是一個重要的概念。「勢」現在稱作權力（power）。權力是政治的核心，捨權力就無政治可談，其重要性可

---

1 馮友蘭：《中國哲學史》第一篇第十三章（三）〈法家之三派〉，頁 389。又《中國哲學史新編》第二冊第二十三章第三節〈韓非綜合原來法家三派〉，頁 457，1991 年，藍燈文化公司，台北。
2 馮友蘭：《中國哲學史新編》第二冊，頁 459。

知。法家典籍中不少論勢的，如：《管子・明法解》云：「人主之
所以制臣下者，威勢也。」《鄧析子・無厚》云：「勢者，君之輿；
威者，君之策。」《商君書・禁使》曰：「先王貴勢。」《尹文子・
大道上》曰：「勢者，制法之利器，群下不敢妄爲。」這些思想常
在《韓非子》書中出現。但韓非獨重慎到的「勢論」，還撰寫〈難
勢〉專篇申論慎子的「勢治」思想。光憑這一點就可以看出，在韓
非眼中慎到才是法家重勢派的代表。章政通先生便說：「慎子影響
韓非最重要的觀念在其言『勢』」[3]。這是勢論的歷史演變或傳承。
慎到勢論的內容，以及韓非承受其勢論的那些部分，留待〈韓非哲
學體系之建立〉一節再敘述比較貼切。

　　荀子說慎到「尙法」[4]。慎到的尙法也都被韓非所吸納。韓非在
〈大體〉篇說：

　　　古之全大體者，望天地，因山谷，日月所照，四時所行，雲布
　　　風動；不以智累心，不以私累己。寄治亂於法術，託是非於賞
　　　罰，屬輕重於權衡；不逆天理，不傷情性；不吹毛而求小疵，
　　　不洗垢而察難知；不引繩之外，不推繩之內；不急法之外，不
　　　緩法之內；守成理，因自然；禍福生乎道法，而不出乎愛惡。

這一段話與《慎子・逸文》完全相同，一字不差。「屬輕重於權衡」，
說明「法」的客觀性。「寄治亂於法術」，指明國家「治」「亂」
的關鍵在「法、術」。「託是非於賞罰」，指出法（賞罰）是社會
是非的標準。「不引繩之外，不推繩之內；不急法之外，不緩法之
內」，這是罪刑法定主義「禁止類推解釋原則」[5]。韓非這些重要的
法理思想，明顯得自於他的歷史知識（思想史）。

3 章政通：《中國思想史》上冊，頁 356，1979 年，大林出版社，台北。
4 《荀子・非十二子》。
5 王讚源：《中國法家哲學》，頁 42。

從殘存的資料看，慎到還有一些法的觀念。如：

法雖不善，猶愈於無法，所以一人心也。（〈慎子‧威德〉）

大君任法而弗躬，則事斷于法矣。（《慎子‧君人》）

官不私親，法不遺愛，上下無事，唯法所在。（《慎子‧君臣》）

骨肉可刑，親戚可滅，至法不可闕也。（《慎子‧逸文》）

法之功莫大使私不行。君之功莫大使民不爭，今立法而行私，
是私與法爭，其亂甚於無法。（《藝文類聚》，五十四；《太
平御覽》，六三八引）

治國無其法則亂，守法而不變則衰，有法而行私，謂之不法。
（《藝文類聚》，五十四引）

慎到說「法所以一人心」，韓非則說「一民之軌莫如法」[6]「設
法度以齊民」[7]。慎到說「事斷于法」、「上下無事，唯法所在」，
韓非則說「以事遇於法則行，不遇於法則止」[8]。慎到說「官不私親，
法不遺愛」、「骨肉可刑，親戚可滅」，韓非則說「法不阿貴，……
誠有功，則疏賤必賞，誠有過，則近愛必誅」[9]「不避親貴，法行所
愛」[10]。慎到說「法之功莫大使私不行」、「有法而行私，謂之不法」，
韓非則說「公私不可不分，法禁不可不審」[11]「能去私曲就公法者，
民安而國治；能去私行行公法者，則兵強而敵弱」[12]。慎到說「守法
而不變則衰」，韓非則說「夫不變古者，襲亂之跡」[13]「時移而法不
易者亂；世變而禁不變則削」[14]。以上這些法的思想，由慎到至韓非，

---

6 《韓非子‧有度》。
7 《韓非子‧八經》。
8 《韓非子‧難二》。
9 《韓非子‧有度》。
10 《韓非子‧外儲說右上》，晉文公曰：「刑罰之極安至？」孤偃對曰：「不避親貴，
　法行所愛。」
11 《韓非子‧飾邪》。
12 《韓非子‧有度》。
13 《韓非子‧南面》。
14 《韓非子‧心度》。

其間的歷史傳承，明白可見。

慎到是由道入法的人物，他「重勢」，也「尚法」[15]，對韓非都有很深遠的影響。[16] 韓非的人性觀也吸納自慎到的看法，這在第六章〈韓非哲學基石之成立〉已有討論，此處不表。

二、重法派

先秦法家重法派的代表，非商鞅莫屬。商鞅，姓公孫，名鞅，衛人，秦封之於商地，又稱商君。商鞅曾是中國第一部成文法典《法經》作者李悝的學生。

商鞅變法，是中國歷史上最成功的一次變法。太史公對變法成果的描述是：「行之十年，秦民大悅，道不拾遺，山無盜賊，家給人足。民勇於公戰，怯於私鬥，鄉邑大治。」[17]誠如郭沫若說：「秦王政後來之所以能夠統一中國，是由於商鞅變法的後果，甚至於我們要說秦漢以後的中國的政治舞台是由商鞅開的幕。」[18]

商鞅是韓非主要的效法對象。韓非對商鞅變法內容和過程必然精心作過研究。韓非於〈和氏〉、〈姦劫弒臣〉、〈內儲說上〉及〈定法〉各篇，一再徵引商鞅變法的歷史，可見他對此一史事的注重。茲引述如下：

〈和氏〉：「商君教秦孝公以連什伍，設告坐之過，燔詩書而明法令，塞私門之請而遂公家之勞，禁游宦之民而顯耕戰之士。孝公行之，主以尊安，國以富強，十八年而薨，商君車裂

15　侯外廬主編：《中國思想通史》第一卷，頁601：「慎子是由道到法的過渡人物，他的思想具有道法兩方面，……故他不僅言「法」，也兼言「勢」。1957年，人民出版社，北京。
16　郭沫若：《十批判書》，頁163：「慎到、田駢的一派是把道家的理論向法理一方面發展了的。嚴格地說，只有這一派或慎到一人才真正是法家。韓非子的思想，雖然主要是由慎到學說的再發展，但它是發展向壞的方面，攙雜進了申子或關尹老子的術，使慎到的法理完全變了質。」1971年重印，慶華出版社，香港。
17　《史記·商君列傳》。
18　郭沫若：《十批判書》，頁319。

於秦。」

〈姦劫弒臣〉：「古秦之俗，群臣廢法而服私，是以國亂兵弱而主卑。商君說秦孝公以變法易俗而明公道，賞告姦，困末作而利本事。當此之時，秦民習故俗之有罪可以得免，無功可以得尊顯也，故輕犯新法。於是犯之者其誅重而必，告之者其賞厚而信。故姦莫不得而被刑者眾，民疾怨而眾過日聞。孝公不聽，遂行商君之法，民後知有罪之必誅，而告姦者眾也，故民莫犯，其刑無所加。是以國治而兵強，地廣而主尊。此其所以然者，匿罪之罰重，而告姦之賞厚也。此亦使天下必為己視聽之道也。至法之法術已明矣，而世學者弗知也。」

〈定法〉：「公孫鞅之治秦也，設告坐而責其實，連什伍而同其罪，賞厚而信，刑重而必。是以其民用力勞而不休，逐敵危而不卻，故其國富而兵強。」

《史記・商君列傳》對變法的記載與韓非這三段徵引，大抵不差。〈和氏〉的「禁游宦之民」、「顯耕戰之士」，就是〈姦劫弒臣〉的「困末作」、「利本事」。歸納三段徵史有幾個重點，即「明法令」、「設告坐」、「賞厚而信刑重而必」、「抑工商禁游宦」、「顯耕戰」五項。這些觀念完全被韓非所吸收。

商君的「抑工商禁游宦」，韓非表現在〈五蠹〉篇，韓非認為學者（儒者）、言談者（縱橫家、說客）、帶劍者（遊俠、墨者）患御者（左右近習）、商工之民，是「邦之蠹（木中蟲）」。他說：「人主不除此五蠹之民，則海內雖有破亡之國，削滅之朝，亦勿怪矣。」[19]商君的「顯耕戰」，韓非則說「富國以農，距敵恃卒」，「無事則國富，有事則兵強」（〈五蠹〉）；「丈夫盡於耕農，婦女力

---

19 梁啓雄：《韓子淺解・五蠹》，頁490。

於織紝」（〈難二〉）；「有難則用其死，安平則用其力」（〈六反〉）。商君的「明法令」，《韓非子》多篇皆有涉及，不煩舉例。「設告坐」在〈定法〉篇批評申不害時，已知韓非在應用此一觀念。至於「賞厚而信刑重而必」，〈八經〉篇說：「賞莫如厚，使民利之……誅莫如重，使民畏之。」〈五蠹〉篇說：「賞莫如厚而信，使民利之；罰莫如重而必，使民畏之。」可見韓非已在他的理論中宣揚這一觀念。

雖然，商鞅的「賞厚而信刑重而必」含有「輕罪重罰」和「信賞必罰」兩個觀念。「信賞必罰」是法家的重要觀念，也是法律能被信守的關鍵。商鞅剛變法時的「移木賞金」[20]，乃吳起「徙轅賜田」[21]的故伎，是「信賞」。太子犯法，刑其傅、黥其師[22]，是「必罰」。〈外儲說右上〉徵引荊莊王「茅門之法」戮太子之御者，也是「必罰」的例子。所以韓非說：「賞罰不信，則禁令不行」[23]；「賞罰必於民心」[24]；「信賞必罰，其足以戰」[25]；「有術之主信賞以盡能，必罰以禁邪」[26]。更說「明其法禁，必其賞罰，此不亡之術也」[27]。

至於「輕罪重罰」乃是商鞅的法治精神。從韓非徵引的兩則史事，可以看出商鞅的理論根據。〈內儲說上〉篇：

> 公孫鞅之法也重輕罪。重罪者，人之所難犯也；而小過者，人之所易去也。使人去其所易，無離（罹）其所難，此治之道。夫小過不生，大罪不至，是人無罪而亂不生也。
>
> 一曰：公孫鞅曰：「行刑重其輕者。輕者不生，重者不來。是

20 《史記·商君列傳》。
21 《韓非子·內儲說上》。
22 同注 167。
23 《韓非子·外儲說左上》。
24 《韓非子·定法》。
25 《韓非子·外儲說右上》。
26 《韓非子·內儲說上》。
27 《韓非子·五蠹》。

謂以刑去刑。」

從這兩段話看，商鞅重輕罪的理由，是有其好利惡害的人性基礎。「以刑去刑」，韓非在〈飭令〉篇也有所發揮。

儒家是「刑不上大夫」，商鞅是「太子犯法，與庶民同罪」。君王之下，法律之前，人人平等，才是商鞅的法治精神。所以傅隸樸教授說商鞅「信法最切，執法最嚴」[28]。

三、重術派

申不害是法家重術派的代表。申不害，京人，故鄭之賤臣。太史公說他「學術以干韓昭侯」[29]。韓非在〈定法〉篇說：「今申不害言術，而公孫鞅為法。」申不害（400-337B.C）與商鞅（390-338B.C.）並世，商鞅早死一年。但商鞅相秦在前，申不害相韓在後，學者卻多稱「申、商」。「術」乃「帝王南面之術」，是君王駕御臣下為其效力的方法。術導源於黃老，「申子之學本於黃老而主刑名」[30]，所以《史記》老、莊、申、韓同傳。

司馬遷說申不害「著書二篇，號曰《申子》」，班固以為六篇，可惜都亡逸了。《申子佚文》是清人從古書引申子之言輯成的。《群書治要》卷三十六所引的〈大體〉篇和《韓非子》徵引的史料比較重要。我們將〈大體〉篇節引如下：

> 明君使其臣並進輻湊，莫得專君焉。……今夫弒君而取國者，非必踰城郭之險而犯門閭之閉也，蔽君之明，塞君之聽，奪之政而專其令，有其民而取其國矣。今人君之力，非賢於烏獲彭祖，而勇非賢於孟賁成荊也，其所守者非特琬琰之美、千金之重也，而欲勿失，其可得耶？

---

28 傅隸樸：《國學概論》，頁 372，1966 年，中華叢書編審委員會，台北。
29 《史記·老莊申韓列傳》。
30 同註 176。

明君如身，臣如手；君若號，臣若響；君設其本，臣操其末；君治其要，臣行其詳；君操其柄，臣事其常。為人君操契以責其名，名者天地之綱，聖人之符；張天地之綱，用聖人之符，則萬物之情無所逃之矣。故善為主者，倚於愚，立於不盈，設於不敢，藏於無事。竄端匿跡，示天下無為。……

示人有餘者，人奪之；示人不足者，人與之。剛者折，危者覆，動者搖，靜者安。名自正也，事自定也，是以有道者自名而正之，隨事而定之也。鼓不與於五音而為五音主，有道者不為五官之事而為治主。

昔者堯之治天下也以名，其名正則天下治；桀之治天下也亦以名，其名倚而天下亂，是以聖人貴名之正也。……以其名聽之，以其名視之，以其名命之。鏡設，精，無為而美惡自備。衡設，平，無為而輕重自得。凡因之道，身與公無事，無事而天下自極也。

以上第一小段指出春秋戰國的政局，為了避免人臣「專君奪政」、「弒君取國」的危險，君王所以必須「用術御臣」。證之子罕劫宋君、田常弒簡公、子之奪燕噲的歷史事實，申不害的「重術」有其適時性。

以上二、三、四段的旨意，韓非在〈主道〉、〈揚權〉和〈南面〉等篇皆有所吸納，也有所增益和發揮。申不害說：

君治其要，臣行其詳；君操其柄，臣事其常。……為人君者，操契以責其名，名者天地之綱，聖人之符；張天地之綱，用聖人之符，則萬物之情無所逃矣。故善為主者，倚於愚，立於不盈，設於不敢，藏於無事。竄端匿跡，示天下無為。

韓非則曰：

人主之道，靜退以為寶，不言而善應，不約而善會。言已應則

執其契（名、言），事已會則操其符（形、事）。符契之所合，
賞罰之所生也。故群臣陳其言，君以其言授其事，以其事責其
功。功當其事，事當其言則賞；功不當其事，事不當其言則誅，
明君之道，臣不得陳言而不當。

明君無為於上，群臣竦懼乎下。明君之道，使智者盡其慮而君
因以斷事，故君不窮於智；賢者效其材，君因而任之，故君不
窮於能，有功則君有其賢，有過則臣任其罪……臣有其勞，君
有其成功。……虛靜無事，以闇見疵，……函掩其跡，匿其端，
下不能原。去其智，絕其能，下不能意。保吾所以往而稽同之，
謹執其柄而固握之。絕其望，破其意，毋使人欲之。（〈主道〉）

兩相比較，韓非比申不害說得周詳而有深度。申不害曰：

名自正也，事自定也，是以有道者自名而正之，隨事而定之也。
其名正則天下治……其名倚而天下亂，是以聖人貴名之正
也。……以其名聽之，以其名視之，以其名命之。

韓非則云：

（明君）虛靜以待，令名自命也，令事自定也。虛者則知實之
情，靜則知動者正。言者自為名，有事者自為形，形名參同，
君乃無事焉。（〈主道〉）

事在四方，要在中央，聖人執要，四方來效。虛而待之，彼自
以之。……以名為首，名正物定，名倚物徙。故聖人執一以靜，
使名自命，令事自定。……因而任之，使自事之；因而予之，
彼自舉之，不知其名，復脩其形；形名參同，用其所生（賞罰）。

二者（名、事）誠信，下乃貢情（實）。（〈揚權〉）

申不害只談到「自名而正之，隨事而定之」，這只是把話說清楚，
事情交你辦。韓非進一步考核辦事的結果（形名參同），賞罰隨之
而來。在管理上這是「效率控制」。不僅如此，韓非還有更嚴密的

控制手段，他在〈南面〉篇說：

> 主道者，使人臣前言不復（反）於後，後言不復於前，事雖有
> 功必伏其罪，謂之任下。

> 主道者，使人臣必有言之責；又有不言之責。言無端末，辯無
> 所驗者，此言之責也；以不言避責，持重位者，此不言之責也。
> 人主使人臣言者必知其端以責其實，不言者必問其取舍以為之
> 責，則人臣莫敢妄言矣，又不敢默然矣，言默則皆有責也。

韓非的設計是前言、後言要一致，前後言不一致，雖有功必受罰，
此其一；必有言之責，此其二；又有不言之責，此其三。使得人臣
不敢妄言，也不敢默然。所以韓非說人主「以形名收臣」（〈難二〉）。
看到這裡不能不說，韓非學術於申不害，卻是青出於藍而勝於藍。

韓非在〈外儲說右上〉〈經二〉云：

> 人主者，利害之招彀（標靶）也，射者（射利者）眾，故人主
> 共（共，同拱，無為）矣。是以好惡見（現）則下有因，而人
> 主惑矣。辭言通則臣難言，而主不神矣。說在申子之言「六慎」[31]

「說在」意即「說明在於」或「理由在於」。韓非徵引「申子之言
六慎」（思想史資料）來說明〈經二〉自己這段理論。可見韓非完
全接受申不害之言「六慎」。〈說二〉徵引申不害之言「六慎」如
下：

> 申子曰：「上明見（見即現，下同），人備之；其不明見，人
> 惑之。其知見，人飾之；不知見，人匿之。其無欲見，人司（察）
> 之；其有欲見，人餌之。故曰：吾無從知之，惟無為可以規（窺）
> 之。」

> 一曰：申子曰：「慎而（汝，下同）言也，人且（將，下同）

---

31 韓非〈內外儲說〉六篇先〈經〉後〈說〉，以〈說〉釋〈經〉，體式學自墨子〈經〉
〈說〉體。

和女（汝）；慎而行也，人且隨女。而有知見也，人且匿女；
而無知見也，人且意女。女有知也，人且臧（匿）女；女無知
也，人且行女。故曰：惟無為可以規（窺）之。」

韓非進一步把這些觀念消化成自己的思想。例如：

君無見其所欲，君見其所欲，臣自將雕琢；君無見其意，君見
其意，臣將自表異。故曰：去好去惡，臣乃見素；去舊去智，
臣乃自備。故有智而不以慮，使萬物知其處；有行而不以賢，
觀臣下之所因；有勇而不以怒，使群臣盡其武。是故去智而有
明，去賢而有功，去勇而有強。群臣守職，百官有常；因能而
使之，是謂「習常」。（〈主道〉）

韓非在〈外儲說右上〉篇徵引申子的話：「申子曰：『獨視者謂
明，獨聽者謂聰。能獨斷者，故可以為天下王。』」〈難三〉篇徵
引：「申子曰：『失之數而求之信，則難矣。』」

韓非在〈內儲說上〉徵引一則申不害用術探知韓王心意的歷史：

趙令人因申子於韓請兵，將以攻魏。申子欲言之君，而恐君之
疑己外市也，不則恐惡於趙，乃令趙紹、趙沓嘗試君之動貌而
後言之，內則知昭侯之意，外則有得趙之功。

申不害重術，也兼言法。韓非在〈外儲說左上〉篇徵引申不害言
法的史事：

韓昭侯謂申子曰：「法度甚不易行也。」申子曰：「法者，見
功而與賞，因能而受（授）官。今君設法度而聽左右之請，此
所以難行也。」昭侯曰：「吾自今以來，知行法矣，寡人奚聽
矣。」一日，申子請仕其從兄官，昭侯曰：「非所學於子也。
聽子之謁，敗子之道乎？亡其用子之謁。」申子避舍請罪。

韋政通先生說：「見功而與賞，乃法家的共義。法之難行，由於人
主聽左右之請，正是說法、術有互依的關係，設法度而不重術，法

亦難於施行。」[32]韓非就說:「明君之於內也,娛其色,而不行其謁,不使私請。其於左右也,使其身,必貴其言,不使益辭(不使言辭出於使令之外)。」(〈八姦〉)

第二節　韓非子哲學體系之建立

　　韓非集先秦法家勢、法、術三派思想之大成,建立自己的政治哲學。王讚源教授說:

> 韓非的哲學不在搞觀念遊戲,而是用心於救國。他想鞏固君主的權勢,並促進國家的富強。他思想的核心有三大支柱,那就是法、術、勢。這是先秦法家思想的主要內容,韓非把它融為一爐,並摻進個人的創見,因此集法家的大成。[33]

馮友蘭說:

> 韓非認為法、術、勢三者都是「帝王之具」。他所說的帝王就是專制主義的中央集權的君主,具是工具。專制主義的統治者有這三種工具就可以有效地統治臣下和勞動人民。……這一整套的統治術是韓非總結當時的……統治(者)成功的經驗和失敗的教訓,得出來的結論,也是他綜合以前的法家三派學說所得出來的結論。[34]

任繼愈也說:

> 韓非對於以前法家的學說,不是簡單地綜合,而是把法、術、勢這三個法治的要素,構成為一個有機的政治思想體系,……建立中央集權政治作理論上的論證。正是因為這樣,所以韓非便成為法家的集大成者。他的建立中央集權政治的主張是符合

---

32 韋政通:《中國思想史》,頁355。1979年,大林出版社,台北。
33 王讚源:《中國法家哲學》,頁108。
34 馮友蘭:《中國哲學史新編》第二冊,頁459。

當時社會發展的趨勢的。[35]

本節試就韓非如何應用歷史、經驗建立其哲學體系，加以探討。

一、抱法處勢

上一節我們指出，法家言勢者不乏其人，但韓非獨重慎到「勢治」之說。韓非還撰寫〈難勢〉專篇爲慎到「勢治」論辯護。韓非在〈難勢〉首段徵引慎子之言：

> 慎子曰：「飛龍乘雲，騰蛇遊霧，雲罷霧霽，而龍蛇與螾螘（蚓蟻）同矣，則失其所乘也。賢人而詘於不肖者，則權輕位卑也；不肖而能服賢者，則權重位尊也。堯爲匹夫，不能治三人；而桀爲天子，能亂天下。吾以此知勢位之足恃，而賢智之不足慕也。夫弩弱而矢高者，激於風也；身不肖而令行者，得助於眾也。堯教於隸屬而民不聽；至於南面而王天下，令則行，禁則止。由此觀之，賢智未足以服眾，而勢位足以詘賢者也。」

慎到談的「勢」指「權」和「位」。「勢位」即「權位」。慎到說：「勢位之足恃，而賢智之不足慕」，意思是權重位尊就能令行禁止，不必待賢智。這是慎到「勢治說」的要旨。

〈難勢〉篇第二段以「應慎子曰」開頭，主詞是客人，「應」是反駁。這一段是韓非假設客人拿「賢治說」來反駁慎到的「勢治說」。客人先界定「勢」的性質是客觀的，即「夫勢者，非能必使賢者用之，而不肖者不用之也。」「夫勢者，便治而利亂者也。」所以「賢者用之則天下治，不肖者用之則天下亂。」接著徵引《周書》曰：「毋爲虎傅（傅通附，附，益也）翼，將飛入邑，擇人而食之。」比喻不肖人乘勢更容易做壞事，有如爲虎添翼一般。接著徵引「桀

紂爲高台深池以盡民力，爲炮烙以傷民性，桀紂得乘勢肆行者，南面之威爲之翼也。」用這一則史事來論證「人乘不肖人於勢，是爲虎傅翼也」，和「不肖者用勢則天下亂」這一論點。於是指出：「勢之於治亂本未有位，而語專言勢之足以治天下者，則其智之所至者淺矣。」用以反駁、譏諷慎到的「勢治說」。所謂「勢之於治亂本未有位」，就是說權力的本質是中性的、客觀的，它可以便治，也可以利亂，沒有一定的立場。這句話也就是「夫勢者，非必能使賢者用之，而不肖者不用之也。」「夫勢者，便治而利亂者也。」這兩句話的意思。最後徵引王良巧於御車，臧獲拙於御車的歷史故事，來比喻堯舜乘勢則天下治，桀紂乘勢則天下亂的史實。用以論證「賢治說」的正確性。原文如下：

> 夫良馬固車，使臧獲御之則爲人笑；王良御之而日取千里。車馬非異也，或至乎千里，或爲人笑，則巧拙相去遠矣。今以國爲車，以勢爲馬，以號令爲轡，以刑罰爲鞭策，使堯舜御之則天下治，桀紂御之則天下亂，則賢不肖相去遠矣。夫欲追速致遠，不知任王良；欲進利除害，不知任賢能：此則不知類之患也。夫堯舜亦治民之王良也。

這一段話一方面徵引史事，同時一方面指出「勢、法」在政治上必須配合著運作。

〈難勢〉第三段，以「復應之曰」開頭至篇末，是韓非站在慎到一邊對「應慎子」的客人作反駁。在反駁的同時，韓非一面替慎子辯護，一面表達自己的思想。韓非歸納第一段徵引慎到的勢論形成一句「慎到以勢爲足恃以治官」。歸納第二段反駁的言辭爲一句「客曰：必待賢乃治」。韓非不以客人的言論爲然。他認爲客人談的是「自然之勢」，「自然之勢」是繼承而來的權位。所謂「夫堯舜生而在上位，雖有桀紂不能亂者，則勢治也；桀紂亦生而在上位，雖

有十堯舜亦不能治者，則勢亂也。故曰：勢治者則不可亂；而勢亂者則不可治也。此自然之勢也。」韓非接著徵引有名的「矛盾」寓言來諷刺客人。原文如下：

> 人有鬻（賣）矛與楯（盾）者，譽其楯之堅：「物莫能陷（穿入）也。」俄而（片刻）又譽其矛曰：「吾矛之利，物無不陷也。」人應之曰：「以子之矛，陷子之楯，何如？」其人弗能應也。以不可陷之楯與無不陷之矛，為名不可兩立也。

> 夫賢之為道不可禁，而勢之為道也無不禁，以不可禁之賢與無不禁之勢（從梁啟雄校），此矛楯之說也。夫賢、勢之不相容亦明矣。

不僅如此，韓非還一再徵引史實批判「必待賢」之不切實際。原文如下：

> 曰「必待賢」，則亦不然矣。且夫百日不食以待粱肉，餓者不活；今待堯舜之賢乃治當世之民，是猶待粱肉而救餓之說也。

> 夫曰「良馬固車，臧獲御之則為人笑；王良御之則日取千里」，吾不以為然。夫待越人之善游者以救中國之溺人，越人（雖）善游，而游者不濟矣。夫待古之王良以馭今之馬，亦猶越人救溺之說也，不可亦明矣。

> 夫良馬固車，五十里而一置，使中手御之，追速致遠，可以及也，而千里可日致也，何必待古之王良乎？

> 且御非使王良也，則必使臧獲敗之；治非使堯舜也，則必使桀紂亂之。此味非飴蜜也，則必苦菜亭歷也。此則積辯累辭，離理失術，兩末之議也，奚可以難夫道理之言乎哉！客議未及此論也。

這一段，韓非徵引「堯舜之賢」、「桀紂亂政」、「王良巧御」、「臧獲愚拙」、「越人善游」之歷史事實，「粱肉救餓」、「飴蜜

味甘」、「亭歷味苦」之經驗事實[36]，採類比推理，層層反駁「待賢乃治」之錯誤。

韓非於批駁客人之際，同時提出他的勢論：

> 夫勢者，名一而變無數者也。

> 勢必於自然，則無為言於勢矣；吾所為言勢者，言人之所設也。……夫堯舜生而在上位……，此自然之勢也，非人之所得設也。若吾所言勢，謂人之所得設也。

> 世之治者不絕於中，吾所以為言勢者，中也。中者，上不及堯舜，而下亦不為桀紂，抱法處勢則治，背法去勢則亂。

「夫勢者，名一而變無數者也」，是說「權力」的名稱只有一個，表現的方式卻可以無窮。〈內儲說下〉篇就說：「權勢不可以借人，上失其一，臣以為百。」韓非這一句話在說明權力的性質。韓非把勢分為「自然之勢」和「人設之勢」。什麼是「自然之勢」？因王位繼承而得的權位就是自然之勢。這不是一個人可以設置的。韓非要談的是「人設之勢」。「人設之勢」就是使中君「抱法處勢」。何謂「抱法處勢」？用現代話說，就是透過法律制度，借賞罰來行使政治權力治理國家[37]。所以韓非說：

> 夫棄隱栝之法，去度量之數，使奚仲為車不能成一輪；無慶賞之勸，刑罰之威，釋勢委法，堯舜戶說而人辯之，不能治三家。夫勢之足用亦明矣。

「隱栝」[38]、度量，是客觀的標準。用以比喻慶賞、刑罰之法律制度。韓非徵引「奚仲巧為車」、「堯舜善治」的歷史故事，用來證立慎

---

36 嚴星橋：《增注本草從新》頁 60：葶藶，頁 263：蜂蜜，頁 189：粱，頁 249-251：豬狗羊牛肉，1974 年，西北出版社，台南。依《大辭典》：「歷史是人類經驗的記錄。」韓非舉粱肉、飴蜜、苦荼、亭歷，都是徵引經驗事實。

37 王讚源：《中國法家哲學》，頁 148。

38 隱，借作櫽。《說文》：「櫽，栝也。」《說文》：「栝，櫽也，所以矯制邪曲之器。」

到「勢之足用」的論點。可見韓非肯定慎到的勢論。這是思想在歷史的傳承。這一段是韓非從反面說的話。韓非也有從正面說的,如〈八經〉篇:

> 君執柄以處勢,故令行禁止。柄者,殺生之制也;勢者,勝眾
> 之資也。

「柄」,就是法。「執柄處勢」就是「抱法處勢」。這是法、勢配合的關係。抱法處勢的過程,就是權力運用的過程。[39]

韓非徵引慎到勢治理論:「以勢為足恃以治官」,韓非接受這一觀念,形成自己的思想,並增益為「中者抱法處勢則治」的勢治理論。整個過程都以徵引歷史來說明或論證表現出來。

二、服術行法

申不害重術,商鞅重法,韓非兼收並用,主張人主要能「服術行法」[40],這從〈定法〉篇可以得到消息。〈定法〉篇說:

> 今申不害言術,而公孫鞅為法。術者,因任而授官,循名而責
> 實,操殺生之柄,課群臣之能者也,此人主之所執也。法者,
> 憲令著於官府,刑罰必於民心,賞存乎慎法,而罰加乎姦令者
> 也,此臣之所師也。君無術則弊於上,臣無法則亂於下,此不
> 可一無,皆帝王之具也。

韓非在此對法律都下了界說,而且認定法、術要並用,「皆帝王之具」。韓非認為不可徒術而無法,他說:

> 申不害,韓昭侯之佐也。韓者,晉之別國也。晉之故法未息,
> 而韓之新法又生;先君之令未收,而後君之令又下。申不害不
> 擅其法,不一其憲令則姦多,故利在故法前令則道(由)之,

---

39 同注 184。
40 《韓非子·亡徵》。

> 利在新法後令則道之。故新相反，前後相悖，則申不害雖十使
> 昭侯用術，而姦臣猶有所譎其辭矣。故託萬乘之勁韓十七年而
> 不至於霸王者，雖用術於上，法不勤飾於官之患也。(〈定法〉)

這一段是韓非徵引申不害相韓十七年的歷史，來說明人主不可徒用
術而不用法。因為徒用術不用法，「姦臣猶有所譎其辭」，「譎其
辭」就是詭辯牟利。「申不害不擅其法，不一其憲令」，就是韓非
說的「無法」。不過，郭沫若說：「其實申不害之所以『不擅其法，
不一其憲令』，正是便於自己用術的人好上下其手。」[41]證之前一節
所徵引的申不害言術兼言法，他非不懂法，郭沫若的譏評並不冤枉。
韓非也說不可徒法而無術，〈定法〉篇說：

> 公孫鞅之治秦也，設告坐而責其實，連什伍而司其罪，賞厚而
> 信，刑重而必，是以其民用力勞而不休，逐敵危而不卻，故其
> 國富而兵強；然而無術以知姦，則以其富強也資人臣而已矣。
> 及孝公、商君死，惠王即位，秦法未敗也，而張儀以秦殉韓魏。
> 惠王死，武王即位，甘茂以秦殉周。武王死，昭襄王即位，穰
> 侯越韓魏而東攻齊，五年而秦不益一尺之地，乃成其陶邑之
> 封；應侯攻韓八年，成其汝南之封。自是以來，諸用秦者，皆
> 應穰之類也。故戰勝則大臣尊，益地則私封立，主無術以知姦
> 也。商君雖十飾其法，人臣反用其資，故乘強秦之資數十年而
> 不至於帝王者，法雖勤飾於官，主無術於上之患也。

這一段韓非徵引「商鞅治秦」的歷史，來說明商鞅徒用法而無術，
使秦富強只是「資人臣」罷了。又徵引「張儀以秦殉韓魏」、「甘
茂以秦殉周」、「穰侯攻齊成其陶邑之封」及「應侯攻韓成其汝南
之封」等四則史事，來證明徒法無術之患害。

---

41 郭沫若：《十批判書》，頁332。

　　韓非認爲申不害之術、商鞅之法「皆未盡善」。韓非在〈定法〉篇最後一段說：

> 申子未盡於術；商君未盡於法也。申子言：「治不踰官，雖知弗言。」治不踰官，謂之守職也可；知而弗言，是謂過也。人主以一國目視，故視莫明焉；以一國耳聽，故聽莫聰焉。今知而弗言，則人主尚安假借矣！
>
> 商君之法曰：「斬一首者爵一級，欲爲官者，爲五十石之官，斬二首者爵二級，欲爲官者百石之官。」官爵之遷與斬首之功相稱也。今有法曰：「斬首者令爲醫匠。」則屋不成病不已。夫匠者手巧也，而醫者齊藥（和藥、配藥）也，而以斬首之功爲之，則不當其能。今治官者，智能也；今斬首者，勇力之所加也。以勇力之所加而治智能之官，是以斬首之功爲醫匠也。
>
> 故曰：「二子於法術皆未盡善也。」

韓非認爲申不害的「雖知弗言」會使人主視莫明、聽莫聰；認爲商鞅的「官爵之遷與斬首之功相稱」是不當其能。所以韓非批評申不害商鞅的法術皆未盡善。主張法術「不可一無」，人主要「服術行法」、「寄治亂於法術」[42]。

三、勢法術三合一體的帝王術

　　韓非綜合先秦三派法家的思想，構成勢法術三合一體的政治哲學，或稱之爲勢法術三合一體的帝王術。韓非希望人主藉此帝王術，即人主處勢以服（用）術行法，達到富國強兵的目的。

　　這一政治哲學體系，韓非是以徵引歷史的方式來表達的。〈姦劫弒臣〉云：

> 人主無「法、術」以御其臣，雖長年而美材，大臣猶將得「勢」，

---

42 《韓非子·大體》。

擅事主斷，而各為其私急。而恐父兄豪傑之士借人主之力（勢，權力）以禁誅（法）於己也，故弒賢長而立幼弱，廢正適而立不義。故《春秋》記曰：「楚王子圍將聘於鄭，未出境，聞王病而反，因入問病，以其冠纓絞王而殺之，遂自立也。齊崔杼，其妻美，而莊公通之，數如崔氏之室。及公往，崔子之徒賈舉率崔子之徒而攻公。公入室，請與之分國，崔子不許；公請自刃於廟，崔子又不聽。公乃走，踰於北牆。賈舉射公，中其股，公墜，崔子之徒以戈斫公而死之，而立其弟景公。」近之所見：李兌之用趙也，餓主父百日而死。卓齒之用齊也，擢（拔）湣王之筋，懸之廟梁，宿昔（過夜）而死。故厲（借作癘，患癩病者）雖瘍腫疕瘍（頭瘍、頭痛），上比於春秋，未至於絞頸射股也；下比於近世，未至餓死擢筋也。故劫弒死亡之君，此其心之憂懼，形之苦痛也，必甚於厲（癘）矣。

韓非在此徵引「子圍絞殺楚王」、「崔杼弒莊公」、「李兌餓死主父」、「卓齒擢湣王筋」四則歷史，來證立其勢法術三合一體的帝王術之正確性；同時也用以提醒當時之君王必須處勢以運術行法，才能免於弒劫之災。韓非在有名的〈五蠹〉篇又曰：

今人主處制人之「勢」，有一國之厚，重賞嚴誅，得操其「柄」（法），以修明「術」燭之（「之」指臣下），雖有田常、子罕之臣，不敢欺也，奚待於不欺之士。

這一段徵引「田常弒簡公」、「子罕劫宋君」兩則史事，用以提醒人主必須處制人之「勢」，操其賞罰之「柄」（法），以修明「術」去控御臣下，才能免於弒劫之辱。韓非在〈難勢〉、〈二柄〉和〈外儲說右上〉等篇徵引不少史事，說明君王必須「抱法處勢」；在〈外儲說右下〉篇徵引歷史，說明國君必須「處勢運術」才能致帝王之功；在〈亡徵〉、〈難三〉等篇徵引歷史，提醒人主能「服術行法……

其兼天下不難」。

　　韓非也有不徵引歷史，直以文字論述人主必須統合兼用勢法術以治國的篇章。例如〈有度〉云：

> 夫為人主而身察百官，則日不足，力不給。且上用目則下飾觀，上用耳則下飾聲，上用慮則下繁辭。先王以三者為不足，故舍（捨）己能而因「法數（術）」審賞罰。先王之所守要，故法省而不侵，獨制四海之內，聰智不得用其詐，險躁不得關（入）其佞，姦邪無所依。遠在千里外，不敢易其辭；瞀（近）在廊中（從俞樾、高誘校），不敢蔽善飾非。朝廷群下直湊單微，不敢相踰越。故治不足而日有餘，上之「任勢」使然也。

這一段言論，首先說明人主為何要「舍己能而因法數（術）審賞罰」的理由；其次論述「因法數審賞罰」的功用；最後認為人主之「任勢」而「因法數（術）」可使「治不足而日有餘」，意思是說人主兼用勢、法、術，用心少費時短便可治理國政。又如〈八經〉說：

> 凡治天下，必因人情。人情有好惡，故賞罰可用，賞罰可用則禁令可立，而治道具矣。
>
> 君執「柄」以處「勢」，故令行禁止。柄者，殺生之制也；勢者，勝眾之資也。廢置無度則權瀆（敗壞），賞罰下共則威分。是以明主不懷愛而聽，不留說（悅）而計。故聽言不參則權分乎姦，智力不用則君窮（困）乎臣。故明主之行制也天，其用人也鬼。……賞莫如厚，使民利之；譽莫如美，使民榮之；誅莫如重，使民畏之；毀莫如惡，使民恥之。然後一行其「法」，禁誅於私家，不害。功罪賞罰必知之，知之，道盡矣。

首段韓非說明其政治理論是建立在他的人性觀之上。「執柄以處勢」，就是〈難勢〉說的「抱法處勢」。「廢置無度則權瀆」，是說君主如果無原則地廢除或設置法令，權柄就會敗壞。「賞罰下共

則威分」，是說君主如果與臣下共同掌握賞罰之權，君威就會分散。
這兩句是從反面強調「君執柄以處勢，故令行禁止」的正確性。「明
主不懷愛而聽，不留說而計」，這兩句講的是「術」。「行制也天」，
行制即行法，行法要如天的光明公平。〈八說〉篇云：「任人以事，
存亡治亂之機。……無術以用人，任智則君欺，任修則事亂，此無
術之患也。」〈難三〉說：「術者，藏之於胸中以偶眾端（業）而
潛御羣臣者也。」，所以「用人也鬼」的用人要術，即運術要如鬼
般的陰暗莫測。〈難三〉也說：「法莫如顯，而術不欲見。」整段
文字，韓非主張人主要統合兼用勢、法、術以爲治。也就是說，處
勢以行法用術。所以〈八經〉說：「勢足以行法。」〈姦劫弒臣〉
說：「操法術之數，可以致霸王之功。」反之，行法用術以固勢。
所以〈姦劫弒臣〉又說：「人主無法術以御其臣，大臣猶將得勢，
擅得主斷。」行法才能用術，用術有助於行法。所以〈定法〉指出
不可「徒術而無法」，也不可「徒法而無術」，「君無術則蔽於上，
臣無法則亂於下，此不可一無，皆帝王之具也。」勢、法、術三者
合爲一體的運作機制，可表示如下：

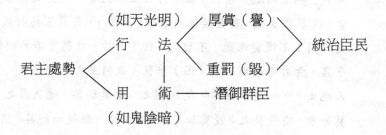

（如天光明）　厚賞（譽）

行　　法　　　　　　　統治臣民

重罰（毀）

君主處勢

用　　術 ── 潛御群臣

（如鬼陰暗）

　　韓非這整套帝王術爲中央集權專制主義奠下堅實的理論根據，剛
好適合當時君王的需要；更促成秦帝國的一統天下；也左右了兩千
年來中國政治的實際運作。

小　結

　　韓非的政治哲學，是綜合先秦三派法家學說而成勢法術三合一體的統治術。這整套的統治術，韓非大多以徵史的方式表達，也有純以文字論述的。從徵史過程中看出：韓非以慎到的「勢足恃以治官」爲不足，增益爲「抱法處勢」；又以商鞅「徒法而無術」且「未盡善於法」，以申不害「徒術而無法」且「未盡善於術」，修正爲「服術行法」。於是將勢法術三者融合成有機的政治哲學體系。整個哲學思想的形成，哲學體系的建立，在在顯示韓非哲學對歷史知識是「批判的繼承，創造的發展」。韓非是一位創造性的思想家。

第七章　韓非子哲學的現代意義

韋政通先生替別人的一本書作〈序〉[1]，文中說：

> 《韓非子》是中國政治思想傳統中最重要的一部經典，也是維繫中國兩千多年專制政體最大的支柱，不論其功過如何，都有非凡的歷史意義。政治哲學最大的問題是如何處理權力——它關係到歷史的盛衰興亡。在這個問題上，韓非子與近代民主政治所認知的恰好相反——民主政治是要建立對權力制衡的機制，韓非子的政治哲學則是在鞏固君王的權力。這種思想雖然是反民主、反自由、反人權與現代人所崇尚的價值不容，但在政治的核心問題上是對題的。中國思想的大傳統裡，儒、釋、道三家，根本沒有觸及到這個核心問題。

韋先生在此已提到韓非哲學的歷史意義和學術意義。韋先生又說：

> 韓非子的政治哲學，早已成為中國政治活動中的文化基因，假如你想了解中國實現民主何以如此困難，韓非形成的傳統絕對是一大障礙。

> 人類進入二十一世紀，真正實踐民主政治的，畢竟仍是少數，我不相信人類可以全盤民主化，君主專制和極權主義在人類歷史上恐怕也難根絕，為了解這方面的問題，韓非的政治哲學確有長遠價值。

在此，韋先生認為，韓非子的政治哲學可以了解中國實現民主困難的原因，以及人類難於根絕專制、極權的理由。這是從反面凸顯韓非哲學的現代意義。

---

1 歐崇敬：《中國哲學史》（先秦卷）〈韋政通序〉，2001 年，台北，洪葉。

本章我們要從正面論述韓非哲學的現代意義。

一、注重歷史的經驗

韓非徵引史事近乎千件，徵引歷史人物約五百五十人，這在先秦諸子，無能出其右。韓非擁有豐富的歷史知識和經驗，從中獲取教訓或啓發，形成其思想、建立其哲學體系，促成秦帝國一統天下，並進而維繫兩千多年中國政治的實際運作。歷史是人類的借鑑。聞名的歷史哲學家柯靈烏（R. G. Collingwood）說：「歷史知識的正統對象是思想」，「一切歷史都是思想的歷史」。歷史經驗與教訓可以使思想成熟，也可以增長智慧。凡聰明人都會注重歷史的經驗，歷史的經驗是人類永遠的價值。

二、循名實因參驗的方法

韓非的方法論大綱是〈姦劫弒臣〉篇說的：

　　循名實而定是非，因參驗而審言辭。

這個大綱包含兩個方法：一個是「循名實」；另一個是「因參驗」。「循名實」就是〈定法〉說的「循名責實」。「名」指言語，「實」指實在的事物。「實」又稱「刑」或「形」。韓非說：「刑名者，言與事也。」（〈二柄〉）韓非認為言語與事物之間要有一定的對應關係，所以他強調「名正物定，名倚物徙。」（〈揚權〉）意思是，一個「名」確定的指稱一件事物叫「名正」，這一件事物被這個名所指定，不可再用別的名去指稱它叫「物定」。反之，一個「名」不能確定的指稱一件事物叫「名倚」，這一件事物沒被這個名所指定，因此還可再用別的名去指稱它叫「物徙」。可見「名正物定」之下，名與物之間才是一對一的對應關係。有了這種應關係，我們

才可以依「名」去求「物」，也就是可以「循名而責實」。[2]名、實對應爲「是」，名、實不對應爲「非」。所以韓非說：「循名實而定是非」。又說：「考實按形不能謾（欺）於一人。」（〈外儲說左上〉）韓非就利用「循名責實」這一方法統御羣臣。他在〈二柄〉篇說：「人主將欲禁姦，則審合刑名，刑名者，言與事也。爲人臣者陳其言，君以其言授之事，專以其言責其功，功當其事，事當其言則賞；功不當其事，事不當其言則罰。」在〈主道〉篇則說成「令名自命也，令事自定也。……有言者自爲名，有事者自爲形，形名參同，君乃無事焉。」「審合刑名」、「形名參同」就是循名責實的不同說法。可見循名責實是使君無爲而臣有爲的統御術。

　　廿一世紀的今天，無論政治領袖或企業經理人，同樣有賴部屬的陳言以爲決策。那同樣可以採用他的陳言，事情交他辦，再課求他的政治責任或職務功過。可見「循名實而定是非」仍然可以轉化應用於現代的民主政治或企業組織。以現代的角度看，「循名實而定是非」還是一種有效的領導方法。

　　循名責實的要點在於名、實關係的相互對應，這與廿世紀形成的語意學（Semantics）所關注的相類。語意學著重名、實相應爲「真」，名、實不相應爲「假」，以掃除語言的歧義與含混。如此可以使人的思想和判斷正確，避免迷惑。就考察語言的真、假這一點，使「循名責實」具有永遠的價值。

　　「因參驗而審言辭」，「參驗」是同義複詞。參驗就是檢驗或驗證。言辭（名）是否與事物（實）相應，固然須要參驗。但韓非這句話有不同層次的意義，這句話著重的是言辭（思想、理論、方策）的對錯或可行性，須要經過驗證才能審定。韓非就是拿「參驗」的

---

2 王讚源：《中國法家哲學》，頁94。

方法批判諸子的理論。試以韓非批判儒墨兩家爲例，〈顯學〉說：

> 孔子墨子俱道堯舜，而取舍不同，皆自謂真堯舜，堯舜不復生，
> 將誰使定儒墨之誠乎？殷周七百餘歲，虞夏二千餘歲，而不定
> 能儒墨之真，今乃欲審堯舜之道於三千歲之前，意者其不可必
> 乎！無參驗而必之者，愚也；弗能必而據之者，誣也。故明據
> 先王，必定堯舜者，非愚則誣也。愚誣之學，雜反（雜，亂也。
> 反，悖也）之行，明主弗受也。

「因參驗而審言辭」，是一種實證的認知方法，它的價值超越時空，
當然具有現代意義。

三、注重社會政治的共識問題

韓非接受墨子強調社會政治的共識問題[3]。《韓非子》許多篇章
都涉及這一課題，尤其〈詭使〉、〈六反〉、〈八經〉與〈五蠹〉
等篇論述相當深刻。韓非在〈姦劫弒臣〉說：「凡人之大體，取舍
（捨）同者則相是也，取舍異者則相非也。」取、舍相同就相是，
這是有「共識」；取舍相異就相非，這是無「共識」。韓非又說：

> 賞者有誹焉，不足以勸；罰者有譽焉，不足以禁。（〈八經〉）
> 夫賞，所以勸之，而毀存焉；罰，所以禁之，而譽加焉。民中
> 立而不知所由。（〈外儲說右下〉）

統治者行賞，被治者誹毀；統治者施罰，被治者加譽之。這顯示
上下認同有落差，沒有「共識」，所以「民中立而不知所由」，就
是人民不知所措。這是社會政治的危機。所以〈外儲說左下〉說：
「譽所罪，毀所賞，雖堯不治。」韓非看出其中的原因在於「上失
其道」，也就是「下之所欲，常與上之所以爲治相詭（違背）也。」
（〈詭使〉）換句話說，就是政治違背民欲，不合民心。爲對治這

---

3 同註 2，頁 47-48。本書第四章：「託是非於賞罰」從觀念史的角度論述頗詳。

種錯誤，韓非提出「託是非於賞罰」（〈大體〉），促使「譽輔其賞，毀隨其罰」（〈五蠹〉），或「賞譽同軌，非誅俱行」（〈八經〉），建立起社會政治一致的是非價值與「共識」。也就是法所「賞」，人民以為「譽」（是）；法所「罰」，人民以為「毀」（非）。社會才有法治與是非價值，公道、正義的社會才可望達成。

　　雖然韓非的「託是非於賞罰」未必合乎民欲，但他注重社會政治的共識問題卻非常重要。共識的基石在價值觀，價值觀或價值取向相同或相類，才有共識可言。有共識才能認同和團結合作。社會政治有共識，才能和諧、穩定和進步。企業組織有共識，才能發揮競爭力。人類任何團體、機構要能運作而有效率，非有共識不為功，足見共識的重要性。

四、通權達變的精神

　　韓非是一位非常注重歷史經驗，而且善於採擷歷史教訓以建立自我思想的哲人。由通權達變的精神可見其一斑。先秦法家，自管仲、子產而下，李悝、吳起、申不害、商鞅以迄慎到，無不表現通權達變的精神，這是法家思想的一大特色。韓非擇善固執，而發揚光大。通權達變可分兩方面：其一通權，是知所權衡；其二達變，是知所改革。前者，韓非在〈八說〉篇說：

> 法所以制事，事所以名（明）功也。法立而（如）有難，權其難而（如）事成則立之；事成而（如）有害，權其害而（如）功多則為之。無難之法，無害之功，天下無有也。……出其小害，計其大利也。夫沐者有棄髮，除（瘹）者傷血肉，為（若）人見其難，因釋其業，是無術之事（通士）也。先聖有言曰：「規有摩而水有波，我欲更之，無奈之何。」此通權之言也。

洗頭會掉髮，但不能不洗。病瘍會傷血肉，但不能不醫。規能畫圓，

但久用會摩損。水能活人，但波濤洶湧也會死人。凡事有利有害，無可奈何。要能「權其難而事成則立之；權其害而功多則爲之。」如此「出其小害，計其大利」，這才是「通權」。

至於「達變」，就是知所改革。韓非認爲歷史是演變不居的，所以要知所改革。所謂：「世異則事異，事異則備。」或「古今異俗，新異備」[4]。所以他說：「聖人不期脩古，不法常可，論世之事，因爲之備。」[5]韓非在〈南面〉篇駁斥「無變古，毋易常」的論調說：

> 伊尹毋變殷，太公毋變周，則湯武不王矣。管仲毋易齊，郭偃毋更晉，桓文不霸矣。……夫不變古者，襲亂之跡。

然而韓非不是一味變古，他說：「然則古之無變，常之毋易，在常古之可與不可。」「可與不可」是變與不變的標準。在此顯示韓非的變古思想是理性的，太史公稱他「切事情，明是非」，誠不爲過。

通權達變的精神，就是知所權衡、知所改革。也就是因時、地制宜、因事制宜的心態。這是適應能力的表現。面對多元化的社會，全球化、複雜而瞬間變化的自由市場經濟，具備通權達變的精神才能適應和生存。這就是它的現代意義。

五、批判政治與異議份子

《韓非子》有許多篇章都在批判政治，其中以〈八姦〉、〈孤憤〉、〈詭使〉、〈六反〉、〈五蠹〉與〈顯學〉等篇尤爲激急嚴峻。〈八姦〉說：

> 明主之為官職爵祿也，所以進賢材，勸有功也。故曰：賢材者處厚祿，任大官；功大者有尊爵，受重賞。官賢者量其能，賦

---

4 《韓子淺解‧五蠹》，頁470-471。
5 同註4，頁466。

祿者稱其功。是以賢者不諉能以事其主，有功者樂進其業，故
事成功立。

今則不然：不課賢不肖，不論有功勞；用諸侯之重，聽左右之
謁。……是以賢者懈怠而不勸，有功者隨（通毀）而簡（惰）
其業，此亡國之風也。

〈詭使〉與〈六反〉兩篇指出領導者思想與作爲的矛盾，致使社會、
政治亂象叢生。〈詭使〉篇說：

夫上之所貴與其所以為治相反也。……故世之所以不治者，非
下之罪也，上失其道也。常貴其所以亂而賤其所以治，是故下
之所欲常與上之所以為治相詭（違）也。

〈五蠹〉篇不但批判當時君主爲政之非，也提出修正的方策：

今人主之言也，說（悅）其辯而不求其當焉；其用行也，美其
聲而不求其功焉。是以天下之眾，其談言者務為辯而不周於
用，故舉先王、言仁義者盈廷，而政不免於亂。行身者競於為
高而不合於功，故智士退處巖穴，歸祿不受，而兵不免於弱。
政不免於亂，兵不免於弱，此其故何也？民之所譽，上之所禮，
亂國之術也。

且夫人主於聽學士也，若是其言，宜布之官而用其身，若非其
言，宜去其身而息其端。今以為是而弗布於官，以為非而不息
其端，是而不用，非而不息，亂亡之道也。

〈五蠹〉、〈顯學〉兩篇一致指出當時的主政者是：

國平則養儒俠，難至則用介士，所利非所用，所用非所利，此
所以亂也。

至於〈孤憤〉，通篇說明法術之士與當塗重人不相容的情形和理由。

梁任公說：「本篇最能表示著者反抗時代的精神。」[6]

　　韓非對歷代的政治或當時的政治都有所批判；對當時的君王也有所評論或建言。今日來看，韓非在他所處的時代，已展現了一個異議份子或知識份子的角色扮演。反諷的是，韓非自己享受了思想、言論的自由，卻不允許別人享有思想、言論的自由；自己當異端，卻不許別人當異端。他主張「明主之國，無書簡之文，以法爲教；無先王之語，以吏爲師。」反對「修文學，習言談」[7]，要主政者「不聽學者之言」[8]。

　　然而，以廿一世紀的今天來看，韓非批判政治的精神，以及異議份子角色的扮演，都有其現代的意義。

　　先談異議份子。一九八二年，韋政通先生發表〈我愛異端〉[9]。韋先生在該文中說：

> 在近代民主社會出現以前，不論東方和西方，都同樣缺乏寬容異端的傳統，他們視異端為邪說，視反對為叛逆，因此懲治邪說，迫害異端，一向被有權勢的帝王們、衛道者、護教的僧侶視為神聖的義務。
>
> 民主社會與非民主社會，有許多基本的差異，其中最重要的一項差別，是民主社會能享有言論與思想的自由，把寬容異見看作民主性格的重要表徵，並制定法律對持有不同意見者的異端份子予以保障。由於近代世界性的民主運動，已使保持異見作為異端的權利，成為我們這時代一個普遍的理想。要實現這個理想，需要改變幾千年不寬容的傳統。近代西方人為了爭取這項權利，正如柏雷在《思想自由史》中所說，曾「流血成渠，

---

6 梁啓超：《要籍解題及其讀法》，頁 100-101，民國六十三年，台北，華正書局。
7 《韓子淺解‧五蠹》，頁 482。
8 《韓子淺解‧顯學》，頁 503。
9 韋政通：《思想的貧困‧我愛異端》，頁 257，1985 年，台北，東大圖書公司。

費了幾世紀的功夫」。自由權與作為異端者之權的取得，是西方近代文明偉大的成果之一，這份成果猶如在血淚灌溉下開出的花朵，芬芳的花朵極為誘人。在花朵未開之前所付的代價更是驚人，人類歷史上從來沒有廉價的進步。

韋先生以上這兩段，已說明了「異端份子」、「異議份子」或「知識份子」在現代社會的價值和意義。韋先生引柏雷的話，說明西方人爭取思想自由的艱難。讓我想到美國的大作家房龍（H. W. Van Loon）所寫的《人類的解放》（The Liberation of Mankind），副題為「人類爭求思想權利的奮鬥故事」。（The story of Man's struggle for the Right to Think）[10]。此書所寫的是人類為真理、為思想自由而與施行迫害的掌權者奮鬥的故事。作者所表彰最重要的一個理念便是「寬容」（toleration）。西方人士能將「寬容」公認為人類最高的一種德行，並享有思想自由的權利，這是千數百年來先人拋頭顱、灑熱血，捨身奮戰而得的成果。我們翻開這本書，幾乎每頁可見到斑斑的血跡。

其次談批判政治的精神。政治的核心問題是權力。法哲孟德斯鳩（B. D. Montesquieu 1689-1755）說：「由歷史的經驗可以推知，凡人有權，很少能不倒行逆施的，必盡其權力之所能而為所欲為。」[11]英國艾克通（Lord Acton）爵士名言：「一切的權力使人腐化，絕對的權力，絕對地腐化。」權力為什麼會使人腐化？其原因出在負面的人性，尤其是自私自利的人性。一九八六年諾貝爾經濟學獎得主布坎南（J. Buchanan）就說：「政府官員與民意代表一樣，也具有自

---

10 房龍（H. W. Van Loon）：《人類的解放》，民國五十四年，高雄，大眾書局出版中譯本，改名為《思想解放史話》，無譯者姓名。房龍的成名作為《人類的故事》，1921年出版，被譯成二十九種文字，流傳甚廣。
11 逯扶東：《西洋政治思想史》增訂六版，第十四章第四節分權論，作者發行，三民書局總經銷。

私心，不能指望他們無私地做到決策皆以全民利益爲依歸。」他不認爲：「一個人從私部門進入公職之後，其行爲動機就會由追逐私利轉變成講求公益。」[12] 人性自私，當權自然腐化。於是民主國家採用孟德斯鳩三權分立制衡理論，將權力分爲立法、行政、司法三個獨立的權力機關，相互制衡。然而，民主政治是政黨政治，如立法機關與行政機關爲同一政黨，兩者間的衝突，容易解決，但制衡精神全然喪失；如非同一政黨，則行政機關的行動，勢必處處受到立法機關的掣肘，陷入僵局，缺乏效率。於是輿論對政治的批判成爲必要。輿論對權力的監督，力量很大，美國的報紙揭露水門案的真相，迫使尼克森總統下台，就是一個例子。在民主國家，輿論已被認爲是第四權（黨、政、軍不能介入、經營傳播媒體）。總之，凡人有權，極少不濫權、腐化，因此權力必須受到制衡與監督，才能保障人民享有自由與權利。我們認爲政治永遠須要批判，因爲輿論的批判可以發揮制衡、監督的力量，儘量防阻權力的腐化。這就顯示韓非對政治的批判精神，具有現代意義。

六、重視危機意識

韓非在〈亡徵〉、〈安危〉專篇提醒主政者注意危機，慎於從事，才能救危爲安，功名久立。《韓非子》其他各篇，也屢屢涉及這一課題。〈亡徵〉篇列舉四十七種可以滅亡的徵象，指出一個國家所以滅亡的原因。韓非說：「亡徵者，非曰必亡，言其可亡也。」所以我們稱之爲「危機」。〈安危〉篇從正反兩面指出政治危機。雖然，韓非提出〈亡徵〉、〈安危〉是爲專制君王獻策，但也有其客觀性。茲舉出幾項以見概況。先說〈亡徵〉：

　　1.緩心而無成，柔茹而寡斷，好惡無決而無所定立者，可亡也。

---

12 張清溪、許嘉棟、吳聰敏：《經濟學》，上冊，頁 356，1955 年，台北。

（凡事不急於成就，優柔寡斷，好惡不明而無所建樹的，可能滅亡。）

2.饕貪而無饜，近利而好得者，可亡也。（貪財好利，不知滿足的，可能滅亡。）

3.淺薄而易見，漏泄而無藏，不能周密而通（漏）群臣之語者，可亡也。（言行淺薄，輕易表現，泄漏機密，不能防患的，可能滅亡。）

4.很剛而不和，愎諫而好勝，不顧社稷而輕為自信者，可亡也。（不聽諫言，不顧國家安危，卻剛愎自用的，可能滅亡。）

5.親臣進而故人退，不省用事而賢良伏，無功貴而勞苦賤，如是者下怨，下怨者可亡也。（任用親信辭退舊人，不肖在位，賢良不出，無功者高升，勞苦者低降。如此會使屬下怨恨。有屬下怨恨的，可能滅亡。）

6.聽以爵不以眾言參驗，用一人為門戶者，可亡也。（只用特定人的意見，不聽眾人的聲音的，可能滅亡。）

以上六項提到：優柔寡斷、貪得無厭、泄漏機密、不顧大局、資訊不全、用人不當、賞罰不公、屬下生怨。不是領導錯誤，就是胡作非為。這些徵象不但對專制君王是危機，對民主總統也是危機，就是對企業經理一樣是危機。

〈安危〉篇說：

安術有七，危道有六。

安術：一曰，賞罰隨是非；二曰，禍福隨善惡；三曰，死生隨法度；四曰，有賢不肖而無愛惡；五曰，有愚智而無非（誹）譽；六曰，有尺寸而無意度；七曰，有信而無詐。

危道：一曰，斷削於繩之內；二曰，斷割於法之外；三曰，利人之所害；四曰，樂人之所禍；五曰，危人之所安；六曰，所

愛不親，所惡不疏。

不行安術，或背道而馳，就成爲危道。危道就是亡徵，就是危機。韓非以〈亡徵〉、〈安危〉提示君王要重視政治的危機。韓非這種重視危機意識的思想，在戰國時代很有價值，然而以廿一世紀的眼光看，一樣深具價值。管理學揭示，無論是政治管理的領導，或企業組織的經理，都須要有危機意識，才知所補偏救敝，才能轉危爲安或反敗爲勝。

七、堅持誠信原則

一般人都認爲韓非哲學講究「術」。說韓非也講究「誠」，或許會感到意外。然而韓非的確堅持「巧詐不如拙誠」。韓非在〈說林上〉篇說：

> 樂羊爲魏將而攻中山，其子在中山，中山之君烹其子而遺之羹。樂羊坐於幕下而啜（嘗）之，盡一杯。文侯謂堵師贊曰：「樂羊以我故而食其子之肉。」答曰：「其子而食之，且誰不食？」樂羊罷中山，文侯賞其功而疑其心。

> 孟孫獵得麑，使秦西巴持之歸，其母隨之而啼，秦西巴弗忍（心）而與之。孟孫適至而求麑，答曰：「余弗忍而與其母。」孟孫大怒，逐之。居三月，復召以爲子傅。其御（車伕）曰：「曩（昔）將罪之，今召以爲子傅，何也？」孟孫曰：「夫不忍麑，又且忍吾子乎？」

> 故曰：「巧詐不如拙誠。」樂羊以有功見疑，秦西巴以有罪益信。

從樂羊有功見疑，秦西巴有罪益信這兩則歷史，韓非悟到的歷史教訓是「巧詐不如拙誠。」於是他在〈安危〉篇提出「安術有七」，其第七爲「有信而無詐。」韓非對「信」的詮釋，在〈難一〉篇說：

　　信所以不欺其民也。

可見韓非講「信」是要君主對人民守信。他在〈外儲說左上〉徵引
晉文公示信於大夫，致使原、衛歸降於晉的歷史。於〈內儲說上〉
徵引吳起以倚車轅賜之上田上宅，取信於民，致一朝拔秦之小亭的
故事。在許多篇章，韓非反覆強調君主「信賞罰」、「賞罰敬信」
可使國強民安。

　　「誠」是內外相應，所謂「誠於中，形於外。」「信」是言行相
稱，或言行一致。誠者必信，不誠不信，所以「誠信」合成一詞。
韓非勸君主要「有信」，這顯示誠信對極權政治的重要性。今日民
主社會，誠信仍然是基本而重要的原則，不信而欺民的政府，必遭
選民的唾棄。商場上也必須遵守誠信原則，不然只好走上倒閉關門
一途。被稱「日本企業之父」的澀澤榮一認為：「信」是商業道德
的精髓，應加謹守。他說：

　　　讓我們全體企業家都能了解「信」是萬事之本。知道「信」有
　　　敵萬事的力量，以「信」強固經濟界的基礎，是緊要事中的首
　　　要事。[13]

我們認為：無論古今中外，凡人尤其領導人，無信不立。這就是誠
信的價值和意義。

八、提倡守法的精神

　　韓非哲學，主要在政治哲學與法律哲學，二者密切不可分。其政
治哲學的現代意義，本文提出以上七項。至於法律哲學的現代意義，
有些學者業已探討，如王讚源教授著的《中國法家哲學》第六章第
二節便是。我們在此只提出一項：「提倡守法的精神」。

　　韓非主張人主要求成功，必先「守法」。他在〈外儲說右下〉說：

---

13 澀澤榮一：《論語與算盤》，頁 202，洪墩謨譯，民國七十六年，台北，正中書局。

「人主者，守法責成，以立功者也。」〈八經〉說：「上下貴賤相畏以法。」這句話有兩層意義，其一是全國上下必須守法；其二是法律之前人人平等。在法的平等性，〈有度〉篇說得更明白，即「法不阿貴，……刑過不避大臣，賞善不遺匹夫。」〈有度〉這句話說到法內容的平等性，也涉及執法的公正性。所以韓非說：

> 人主以（用）事遇於法則行，不遇於法則止。（〈難二〉）

> 古之全大體者……不引繩（法）之外，不推繩之內，不急法之
> 外，不緩法之內，……故使人無離法之罪。（〈大體〉）

「引繩之外」、「推繩之內」，指鑽法律漏洞，或遊走法律邊緣；「急法之外」指法外加罪，「緩法之內」指法內寬赦。這是顧全大體的君王所不為的，如此才使人無離法之罪。〈難二〉主張人主要依法行事，就是人主要守法。〈大體〉主張人主執法要公正，也就是人主要守法。韓非不但主張人主執法要公正，也就是人主要守法。韓非不但主張人主要守法要執法公正；也主張人主要使其羣臣守法、執法公正。韓非說：

> 明主使其羣臣不遊意於法之外，不為惠於法之內，動無非法。
> （〈有度〉）

「不遊意於法之外」，就同「不急法之外」；「不為惠於法之內」，也同「不緩法之內」。「動無非法」，即「以事遇於法則行，不遇於法則止」。明主使其羣臣執法公正，依法行事。換句話說，明主要使其羣臣守法。韓非在〈外儲說右下〉說：

> 聖人之為法也，所以平不夷，矯不直也。

夷，平也。直，正也。從上引諸條可以推知，「聖人之為法」包括立法與執法兩面。聖人為法的目的，就是要維持社會的公平和正義。所以韓非說：「明主之國，官不敢枉法，吏不敢為私，貨賂不行。」（〈八說〉）又說：「明主之治國也……使民以力得富，以事致貴，

以過受罪，以功致賞而不念慈惠之賜。」（〈六反〉）這是全國上下皆守法的情境。所以韓非在〈有度〉說：

> 國無常強，無常弱，奉法者強則國強，奉法者弱則國弱……以法治國，舉措而已矣。

國之強弱，關鍵在「奉法」。所以韓非主張「以法治國」。所謂「以法治國」，就是上下皆守法、皆依法行事。韓非也不忘提醒主政者說：「主多能而不以法度從事者，可亡也。」（〈亡徵〉）意即人主自恃能力強，不依法行事，可能導至國家滅亡。

由以上的論述，已顯示為維護社會政治的公平和正義，韓非堅決主張「上下守法」、「依法行事」的重要性。

現代民主社會，法治也是維持社會秩序與公義的要素。守法被識為最低的道德，依法行事是民主政治的常規。否者，社會必然動亂不安。2000 年美總統競選，由民主黨的高爾與共和黨的布希角逐。高爾的「公民選票」多過布希，但在「選舉人票」兩人不相上下，關鍵只在佛羅里達州。布希在佛州「公民選票」只多一千多票，就要囊括所有「選舉人票」，引發爭議，提起訴訟，最後聯邦最高法院判決布希當選總統。一場爭亂，於焉平息。展現美國上下的守法精神，也顯示法治的成果。十年前，南韓總統全斗煥、盧泰愚因相繼貪污，被判徒刑，只得乖乖入獄坐牢。南韓已晉身民主法治國家之列。當今日本皇后美智子，其父於 1999 年 6 月逝世，留下三十三億日圓遺產。日本法律規定遺產總值超過二十億者要繳納 70%遺產稅，她娘家現金不足，只好將喜愛的百年巨宅繳財務省拍賣抵稅，這已顯現日本即使皇親國威也須守法，依法行事。2004 年 3 月尼加拉瓜前總統雷曼因貪瀆被判刑確定，也得鋃鐺入獄。

誠然，韓非所謂的「法治」，只是他的帝王統治術中的一種。韓非所重的「法」，立法權操在君王之手，與民主社會由民意代表立

法，不可同日而言。「上下守法」、「依法行事」、「以法治國」只是韓非的理念和主張，直到今天，中國歷史上從未落實過。然而，「上下守法」、「依法行事」，畢竟是維持社會公平與正義的必要條件，這在專制政治或民主政治無大差異。今日專制政治、民主社會都在推行市場經濟，但自由市場要能正常運作，「上下守法」、「依法行事」仍然是先決條件，否則商人或投資者便無所措手足。可見「守法」對現代社會、政治與經濟的重要性。這也就顯示韓非提倡守法精神，具有現代的價值和意義了。

參考書目

一、書籍

1. 屈萬里　《尚書集釋》，1983 年，聯經出版公司，台北。

2. 竹添光鴻　《左傳會箋》，文史哲出版社，台北。

3. 《國語》，嶄新校注本，1978 年，九思出版公司，台北。

4. 《戰國策》，1987 年，九思出版公司，台北。

5. 瀧川龜太郎　《史記會注考證》，1993 年，萬卷樓圖書公司，台北。

6. 朱熹　《四書集注》（《論語》），1984 年，學海出版社，台北。

7. 朱熹　《四書集注》（《孟子》），1984 年，學海出版社，台北。

8. 張默生　《老子章句新解》，1971 年，樂天出版社，台北。

9. 陳鼓應　《莊子今註今譯》，1978 年三版，台灣商務印書館，台北。

10. 張純一　《墨子集解》，1971 年，文史哲出版社，台北。

11. 《管子》，四部備要，1974 年，台灣中華書局，台北。

12. 《慎子》，四庫全書，1965 年，世界書局，台北。

13. 《尹文子》，四庫菁華，1987 年，生生印書館，台北。

14. 朱師轍　《商君書解詁定本》，1975 年，河洛出版社，台北。

15. 《呂氏春秋》，高誘註，1969 年，藝文印書館，台北。

16. 劉文典　《淮南鴻烈集解》，1992 年，文史哲出版社，台北。

17. 《說苑》，四部備要，1974 年，台灣中華書局，台北。

18. 《新序》，四部備要，1974 年，台灣中華書局，台北。

19. 陳啓天　《增訂韓非子校釋》，1985 年五版，臺灣商務印書館，

台北。

20.陳奇猷　《韓非子集釋》，1991 年四版，世界書局，台北。

21.梁啓雄　《韓子淺解》，1992 年，臺灣學生書局，台北。

22.邵增樺註譯　《韓非子今註今譯》，1995 年修訂第三次印刷，臺
　　灣商務印書館，台北。

23.朱守亮　《韓非子釋評》，1992 年，五南圖書出版公司，台北。

24.嚴靈峰　《無求備齋韓非子集成》，1980 年，成文出版社，台北。

25.鄭良樹　《韓非子知見書目》，1993 年，臺灣商務印書館，台北。

26.嚴靈峰　《墨子簡編》，1968 年，臺灣商務印書館，台北。

27.李漁叔　《墨辯新注》，1968 年，臺灣商務印書館，台北。

28.陳大齊　《荀子學說》，1966 年，中華文化出版事業社，台北。

29.容肇祖　《韓非子考證》，1972 年，台聯國風出版社，台北。

30.鄭良樹　《韓非之著述及思想》，1993 年，臺灣學生書局，台北。

31.張素貞　《韓非解老、喻老研究》，1976 年，長歌出版社，台北。

32.張素貞　《國家的秩序——韓非子》，1981 年，時報「中國歷代
　　經典寶庫」，台北。

33.張素貞　《韓非子思想體系》，1985 年，黎明文化事業公司，台
　　北。

34.張素貞　《韓非子難篇研究》，1987 年，學生書局，台北。

35.吳秀英　《韓非子研議》，1979 年，文史哲出版社，台北。

36.謝雲飛　《韓非子析論》，1980 年，東大圖書有限公司，台北。

37.周勳初　《韓非子札記》，1980 年，江蘇人民出版社。

38.王曉波　《先秦法家思想史論》，1991 年，聯經出版公司，台北。

39.張純、王曉波合著　《韓非思想的歷史研究》，1983 年，聯經出
　　版公司，台北。

40.王讚源　《韓非與馬基維利比較研究》，1972 年，幼獅月刊社，

台北。

41.王讚源　《中國法家哲學》，1989 年，東大圖書公司，台北。

42.王讚源　《墨子》，1996 年，東大圖書公司「世界哲學家叢書」，
　　　　　台北。

43.馬基雅維里著，閻克文譯　《君主論》，1998 年，臺灣商務印書
　　　　　館，台北。

44.王邦雄　《韓非子的哲學》，1977 年，東大圖書公司，台北。

45.蔡英文　《韓非的法治思想及其歷史意義》，1986 年，文史哲出
　　　　　版社，台北。

46.高柏園　《韓非哲學研究》，1994 年，文津出版社，台北。

47.李甦平　《韓非》，1998 年，東大圖書公司「世界哲學家叢書」，
　　　　　台北。

48.姚蒸民　《法家哲學》，1986 年，東大圖書公司，台北。

49.姚蒸民　《韓非子通論》，1999 年，東大圖書公司，台北。

50.李　增　《先秦法家哲學思想》，2001 年，國立編譯館，台北。

51.林金龍　《韓非子寓言研究》，1984 年，東海大學中研所碩士論
　　　　　文。

52.林金龍　《韓非子書中史事考辨》，1989 年，必中出版社，台中。

53.梁啓超　《中國歷史研究法》，1995 年台一版第九次印刷，臺灣
　　　　　商務印書館，台北。

54.梁啓超　《要籍解題及其讀法》，1974 年，華正書局，台北。

55.傅隸樸　《國學概論》，1966 年，中華叢書編審委員會，台北。

56.錢　穆　《先秦諸子繫年》，1956 年，香港大學出版社。

57.顧頡剛、羅根澤等編著　《古史辨》，1970 年重印北平樸社版，
　　　　　明倫出版社，台北。

58.郭沫若　《十批判書》，1971 年重印，慶華出版社，香港。

59.嚴耕望 《治史經驗談》， 1991 年六版，臺灣商務印書館，台北。

60.李偉泰 《先秦典籍所述上古史料研究》，1977 年，台大中研所博士論文。

61.余英時 《歷史與思想》，1976 年 9 月初版，聯經出版事業公司，台北。

62.余英時 《史學與傳統》，1982 年 5 月再版，時報文化出版事業有限公司，台北。

63.汪榮祖 《史傳通說》，1997 年第二版，聯經出版事業公司，台北。

64.吳光明 《歷史與思考》，1995 年第三刷，聯經出版事業公司，台北。

65.盛寧 《新歷史主義》，1996 年初版二刷，揚智文化事業股份有限公司，台北。

66.王懷成 《韓非子之散文藝術》，1998 年，復文圖書出版社，高雄。

67.陳麗珠 《韓非子儲說研究》，1994 年，師大國研所碩士論文。

68.郭志陽 《韓非子寓言文學研究》，1996 年，師大國研所碩士論文。

69.徐漢昌 《韓非的法學與文學》，1984 年三版，文史哲出版社，台北。

70.周鍾靈 《韓非子的邏輯》，1958 年，人民出版社，北京。

71.趙曉耕 《韓非子》，2000 年，中華書局，香港。

72.劉福增 《邏輯思考》，1994 年第三新修版，自印。

73.何秀煌 《記號學導論》，1965 年，文星書店，台北。後由水牛出版社重印。

74.胡適　《中國哲學史大綱》，1981 年，里仁書局，台北。

75.馮友蘭　《中國哲學史》。

76.馮友蘭　《中國哲學史新編》，1991 年，藍燈文化公司，台北。

77.侯外廬主編　《中國思想通史》，1957 年，人民出版社，北京。

78.任繼愈　《中國哲學史》，1991 年十版，人民出版社，北京。

79.韋政通　《中國思想史》，1979 年，大林出版社，台北。

80.韋政通主編　《中國哲學辭典大全》，1988 年再版，水牛出版社，台北。

81.項退結編譯　《西洋哲學辭典》，1976 年，國立編譯館，台北。

82.教育部　《重編國語辭典》，1981 年，臺灣商務印書館，台北。

83.三民　《大辭典》，1985 年，三民書局，台北。

84.張芳杰主編　《牛津高級英英英漢雙解辭典》，1984 年，東華書局，台北。

85.《韋氏新國際辭典》，中譯節選本，《英英英漢國際大辭典》，1973 年，大中國圖書公司，台北。

86.劉勰　《文心雕龍》，1963 年，臺灣開明書店。

87.譚家健　《先秦散文藝術新探》，1995 年，首都師範大學出版社，北京。

88.嚴星橋　《增注本草從新》，1974 年，西北出版社，台南。

89.柯靈烏（R. G. Collingwood）　《歷史的理念》，黃宣範譯，1981 年，聯經出版公司，台北。

二、論文

1.傅錫壬　〈韓非子解題及其讀法〉，1976 年 12 月，《學粹》第十八卷第六期。

2.張素貞　〈韓非子儲說中的小說情節〉，《中國語文》（472）。

3.譚家健　〈韓非子寓言故事的特色〉，1986 年第 1 期，《河北學刊》。

4.譚家健　〈眾體皆備集其大成──韓非子文章漫談〉，1986 年第 1 期，《中州學刊》。

5.張覺　〈韓非子所記先秦史料考察〉，1990 年第 2 期，《史學史研究》。

6.姜建設　〈先秦諸子托古的史學意義〉，1990 年第 4 期，《河南大學學報（哲學社會科學版）》。

7.蔡明田　〈先秦政治思想中的禪讓觀念〉，《國立政治大學學報》第 60 期。

8.楊釗　〈韓非子據史論證和寓論斷于序事〉，1981 年第 4 期，《史學史研究》。

9.陳全得　〈韓非子中有關孔子形象及兩家學說異同之比較〉，《中華學苑》。

10.吳靜如　〈孟子、韓非論伊尹、百里奚故事之殊略探〉，《孔孟月刊》第 25 卷第 9 期。

11.李偉泰　〈韓非子一書中的歷史解釋與歷史事實〉，《中山學術文化集刊》，第 19 期。

12.汪奠基　〈韓非的形名辯說形式〉，1981 年第 2 期，《社會科學戰線》。

13.廖中和　〈國際政治上的現實主義與理想主義〉，1972 年，《幼獅月刊》，第 35 卷第 1 期。

14.楊日然　〈韓非法思想的特色及其現實主義〉，1972 年，臺灣大學《法學論叢》，第 1 卷第 2 期。

附　　錄

《韓非子》與史書傳說寓言之關係

第一節　《韓非子》與各國《春秋》之關係

　　韓非生於秦火之前，又是韓國的公子，他所處的時代和身份地位，應不難看到當時所能見到的各國史書和各類書籍。在《韓非子》書中，我們看到許多古代歷史文獻的痕跡，在察考的過程中，我們可以推測韓非可能閱讀過那些古籍。以下針對《韓非子》書中春秋史事的可能出處與來源，進行史事的比對、考察，並對韓非援引春秋史事的諸多問題，提出合理的解釋。

一、《韓非子》書中的古籍痕跡

（一）尚書

　　《韓非子》中明引的《尚書》原文只有一段。〈說林上〉：「〈康誥〉曰：『毋彝酒』。彝酒者，常酒（常常喝酒）也。」這句話現存於《尚書・酒誥》。

　　而〈有度〉：「先王之法曰：臣毋或作威，毋或作利，從王之指；毋或作惡，從王之路。」則與〈洪範〉中的幾個句子十分近似。〈洪範〉曰：「無偏無陂，遵王之義；無有作好，遵王之道；無有作惡，遵王之路。」洪者，大也；範，乃范之假借字，說文云：法也。〈洪範〉篇名的意思是「大法」，而〈有度〉稱為「先王之法」，可能即是暗引〈洪範〉中的文字。[1]

1　《尚書・酒誥》：「文王誥教小子，有正、有事，無彝酒。」

（二）周書

1. 〈說林上〉：「智伯索地於魏宣子，魏宣子弗予。……《周書》曰：將欲敗之，必姑輔之；將欲取之，必姑予之。」

2. 〈說林下〉：「……此《周書》所謂：下言而上用者，惑也。」

3. 〈難勢〉：「……故《周書》曰：毋爲虎傅翼，將飛入邑，擇人而食之。」

4. 〈說疑〉：「……故《周紀》曰：無尊妾而卑妻，無孽適（嫡）子而尊小枝，無尊嬖臣而匹上卿，無尊大臣以擬其主也。」

5. 〈解老〉：「周公曰：冬日之閉凍也不固，則春夏之長草木也不茂。」

以上所引皆指《周書》。《呂氏春秋・離俗覽・適威》高誘注：「《周書》，周公所作。」高誘說法有待商榷，但古代有人就是這麼認爲，所以〈解老〉逕稱之「周公」。《漢書・藝文志》：「《周書》七十一篇。」原注：「周史記。」顏師古曰：「劉向云：周時誥誓號令也。」看來這書內容很雜，當是一部古代的史料彙編，而這書後來散佚很多，韓非引用的文句，今已幾不可察。[2]

（三）魯春秋

1. 〈內儲說上・說二〉：「魯哀公問於仲尼曰：『《春秋》之記曰：「冬十二月霣霜不殺菽。」何爲記此？』」

2. 〈外儲說右上・說一〉：「子夏曰：『《春秋》之記臣弒君、子弒父者，以十數矣，皆非一日之積也，有漸而至矣。』」

3. 〈備內〉：「上古之傳言，《春秋》所記，犯法爲逆以成大姦者，未嘗不從尊貴之臣也。」

4. 〈姦劫弒臣〉：「……故《春秋》記之曰：『楚王子圍將聘於

2 韓非徵引《尙書》、《周書》及春秋古籍的考證，參見周勳初：〈韓非子與百國春秋〉，《南京大學學報》，1978 年第 3 期。

鄭，未出境，聞王病而反，因入問病，以其冠纓絞王而殺之，
遂自立也。齊崔杼其妻美，而莊公通之，數如崔氏之室。及公
往，崔子之徒賈舉率崔子之徒而攻公。公入室，請與之分國，
崔子不許；公請自刃於廟，崔子又不聽。公乃走，踰於北牆。
賈舉射公，中其股，公墜，崔子之徒以戈斫公而死之，而立其
弟景公。」近之所見：李兌之用趙也，餓主父百日而死；卓齒
之用齊也，擢湣王之筋，懸之廟梁，宿昔而死。故厲雖癰腫疕
瘍，上比於《春秋》，未至於絞頸射股也；下比於近世，未至
於餓死擢筋也。」

《韓非子》中提到《春秋》的地方，有上述四處，但即使名稱一樣，
涵義卻有不同。1.魯哀公提及的《春秋》，所引文句見《春秋經》僖
公三十三年，今本作「隕霜不殺草，李梅實」。二書文字不同，韓
非所引的可能是未經孔子修改的《魯春秋》。

　　2.3.則稱說的《春秋》，又是指什麼？《易經・坤卦・文言》：
「臣弒其君，子弒其父，非一朝一夕之故，其所由來者漸矣。」《管
子・法法》：「故《春秋》之記，臣有弒其君，子有弒其父者矣。」
舊注云：「《春秋》即周公之凡例，而諸侯之國史也。」而《戰國
策・東周策》「周文君免士工師藉」載有：「《春秋》記臣弒君者
以百數，皆大臣見譽者也。」行文語氣與〈備內〉所載甚為相近。
可見以下弒上，是當時客觀存在人所共知的歷史事實，各種古籍中
都有類似的記載。因此，子夏所言的《春秋》與〈備內〉所敘及的
《春秋》，不一定是孔子修改過的《春秋》，而可能只是史書的泛
稱。

　　4.至於〈姦劫弒臣〉所提及的兩則史事，崔子之徒賈舉弒齊莊公，
見於《左傳》襄公二十五年；楚王子圍弒兄子麇自立為王，亦見《左
傳》昭公元年，此處所引述的《春秋》，即是《左氏春秋》，亦即

《左傳》。

《史記·十二諸侯年表序》云:「荀卿、孟子、公孫固、韓非之徒,各往往捃摭《春秋》之文以著書,不可勝紀。」如這裡的《春秋》指的是孔子經手過的《春秋》,這話是不確實的。韓非並沒有引用孔子筆削過的《春秋》。但韓非的確曾經大量引用過《魯春秋》系統內的史料,特別援用過《左氏春秋》的一些史料。

(四)晉乘

· 韓、趙兩國的編年史書今已無存,魏國的史書《竹書紀年》還有一些殘存的文字流傳。韓、趙、魏是從晉國分裂出去的諸侯國,它們的史籍當然屬於晉史的系統。《竹書紀年》當是繼承著《晉乘》的傳統。

《韓非子》中有一些不尋常的古史記載,和《魯春秋》系統史書上的記載不同。〈說疑〉:「舜偪堯,禹偪舜,湯放桀,武王伐紂。此四王者,人臣弒其君者也,而天下譽之。」〈忠孝〉:「堯自以爲明而不能以畜舜,舜自以爲賢而不能以戴堯。」這和其他學派記載的堯舜事跡不相同,而和三晉的一些史籍上的記載接近。《史記·五帝本紀》張守節正義和《路史·發揮五》引《竹書紀年》曰:「昔堯德衰,爲舜所囚也。」「舜囚堯,復偃塞丹朱,使不與父相見也。」蘇鶚《蘇氏演義》引《竹書紀年》曰:「舜篡堯位,立丹朱城,俄又奪之。」《史通·疑古》引《汲冢瑣語》曰:「舜放堯於平陽。」

《竹書紀年》等遺書是魏國的史籍,所記古史應當源自《晉春秋》(《晉乘》)。韓非是三晉的後裔,他所記載的史事應當主要依據三晉的史籍,只是古人寫文章不標出處,故無法一一察知。但從上述有關堯舜的記載,可以推測他引用晉史的材料。

(五)楚檮杌

〈喻老〉:「楚莊王既勝狩於河雍,歸而賞孫叔敖。」這是楚人

記事的語氣，這段史料應出自楚的《春秋》（《檮杌》）。因為「狩」是表示天子之尊的一個特定用詞，韓非應不會替楚莊王用這個「狩」字，這裡當是沿用了《楚檮杌》上的文字。

（六）秦紀

《內儲說上・說四》：「三國兵至韓，王謂樓緩曰：『三國之兵深矣，寡人欲割河東而講，何如？』對曰：『夫割河東，大費也；免國於患，大功也。此父兄之任也，王何不召公子氾而問焉？』王召公子氾而告之，對曰：『講亦悔，不講亦悔。王今割河東而講，三國歸，王必曰：「三國固且去矣，吾特以三城送之。」不講，三國也入韓，則國必大舉矣，王必大悔曰：「不獻三城也。」臣故曰：王講亦悔，不講亦悔。』王曰：『為我悔也，寧亡三城而悔，無危乃悔。寡人斷講矣。』」這個故事可能就是根據《秦紀》或者其他某一部秦國史書記錄下來的。

這段文字，並見《戰國策・秦策四》只是開頭幾句作「三國兵攻秦，入函谷，秦王謂樓緩曰……。」按此指公元前 298 年至 296 年韓、魏、齊三國攻秦之事。三國軍隊曾攻入函谷關，因此後代注釋《韓非子》的人大都主張根據《戰國策》來改動原文。實則韓非此文的記事方式正保留著秦國史書的原貌。因為文中的「王」指「昭襄王」，對秦國人來講，乃是不言自明的事，史官記事當然只稱「王」而不稱「秦王」了。這次秦兵敗入函谷，函谷關臨韓國的西境，史官諱言此事，故改稱「三國至韓」。到了劉向等人編輯《戰國策》時，則逕依史實改寫，秦國史書的原貌也就湮沒了。

（七）其他

〈備內〉分析了后妃夫人盼望君主死去的原因，然後總結道：「故《桃左春秋》曰：『人主之疾死者不能處半。』」《桃左春秋》之名古今只此一見，歷來解說不一，約有四說：清人俞曲園以為「左」

是「兀」的誤筆。「桃左」蓋即「檮兀」的異文，《桃左春秋》就是《檮兀春秋》，是楚國的《春秋》，此其一。近人章炳麟則認爲「桃」即「趙」之假借，《桃左春秋》即《趙左春秋》，虞卿、荀子皆趙人，所傳《左傳》以其地目其書也，也就是趙人所傳的《左氏春秋》，近人張心澂亦主此說，此其二。今人周勳初認爲《桃左春秋》即是楚國的史書《檮杌》，但並不是古人書寫筆誤，而是楚地處中原之南，楚地之楚語楚聲，一直有強烈的地方口音，中原之人據音而譯時，兼具偏狹的種族文化偏見，而特意挑出一個與史書同音的壞名詞給楚之《春秋》命名的。「桃」、「檮」雙聲，上古韻部也相近；「左」與「杌」是聲轉之異，儘管「左」字古音屬歌部，「兀」字古音屬寒部入聲，但二字主要元音是相同的，所以，「桃左」可能是韓非根據楚之《春秋》的楚語方音而用另一組同音字記錄下來的名詞，此其三。另外，有人主張《桃左春秋》是屬於墨翟所見過的《百國春秋》中所失傳的一部古書，此其四。總之，以現存的史料，仍無法確認何說爲是，僅錄此四家之說以供參考。

　　《韓非子》書中春秋古籍的痕跡是頗多的，然韓非文章中的史料來源今已無法一一考索了，但從上面所探討的幾個部份來看，可了解到他閱讀過各國《春秋》，掌握了豐富的史料。當代學者周勳初、林金龍先生就認爲《韓非子》書本身具有重要的史料價值，它所記載的許多歷史事件，可以補現存史書之不足，呈現古代史學領域內的一些原始面貌。[3]

　　討論至此，我們轉向現存春秋史籍的觀察，以更了解《韓非子》史事的可能來源及其價值。

---

3 周勳初：《韓非子札記》，1980 年，江蘇人民出版社。林金龍：《韓非子書中史事考辨》，1989 年，必中出版社，台中。兩書中有精闢的論點，值得參考。

二、現存的春秋史籍

《史記‧三代世表序》：「五帝、三代之記，尚矣。自殷以前諸侯不可得而譜，周以來乃頗可著。」可見司馬遷時，殷以前的資料已不可見，而周以來的資料方較豐富、詳實。從殷商甲骨文、鐘鼎文可知中國早有記事的習慣。周朝以降，各諸侯國各有世業史官，且以史官司典籍，記錄了各諸侯國人事善惡、治亂興衰之發展，當時各國史書的通名，泛稱為《春秋》。這些史籍當是中國較具格局的早期史書。劉知幾《史通‧六家》云：

> 《春秋》家者，其先出於三代，案《汲冢瑣語》記太丁時事，目為《夏殷春秋》。……《瑣語》又有《晉春秋》，記獻公十七年事。《國語》云：「晉羊舌肸習於《春秋》，悼公使傳其太子。」《左傳》昭公二年，晉韓宣子來聘，見《魯春秋》曰：「周禮盡在魯矣。」斯則《春秋》之目，事匪一家。至於隱沒無聞者，不可勝載。又案《竹書紀年》，其所記事皆與《魯春秋》同。《孟子》曰：「晉謂之「乘」，楚謂之「檮杌」，而魯謂之「春秋」，其實一也。」然則「乘」與「紀年」、「檮杌」，其皆「春秋」之別名者乎！故《墨子》曰：「吾見《百國春秋》，蓋皆指此也。」

《國語‧晉語七》載「羊舌肸習於《春秋》」，韋昭注云：「《春秋》記人事之善惡，而目以天時，謂之《春秋》，周史之法也。時孔子未作《春秋》。」又〈楚語上〉也載有「申叔時教太子以《春秋》」。《墨子‧明鬼下》也曾提到周之春秋、燕之春秋、齊之春秋、宋之春秋等。據以上資料來看，孔子未述《春秋》之前，紀人事善惡的編年寫作，在晉、楚、周、燕、齊、宋、魯等各國，皆逕稱為「春秋」，是各國史書的通名。以魯國為例，《左傳》昭公二年記載了晉韓宣子到魯國，「觀書於太史氏，見《易》、《象》與

魯《春秋》」，《公羊傳》莊公七年載有《不修春秋》，即指魯國舊史，非孔子所修之春秋。再者，《史記‧游俠列傳》載有：「至如以術取宰相卿大夫，輔翼其世主，功名俱著於《春秋》。」司馬貞《索隱》云：「《春秋》，謂國史也。」另外《漢書‧敘傳上》載「垂策書於《春秋》」，顏師古注曰：「《春秋》，史書記事之總稱。」以上皆為佐證，說明了周王朝與諸侯國自書史事，皆以「春秋」為名。

各國史書或泛稱為「春秋」，或如墨子所統稱的「百國春秋」，或如孟子‧離婁下》所載，各國史書亦各有其專名。近人呂思勉據《公羊傳》莊公七年何休《解詁》、《史記‧十二諸侯年表‧六國年表》等，認為古史籍通稱，或曰「記」，或曰「史記」，或曰「春秋」，辭有單複，名雖有異而實一同也。[4]（自孔子修《魯春秋》，《春秋》才始專指魯國史，並成為儒家重要典籍。）

然而春秋時代這麼多的各國史書，今日大半看不到了。《史記‧六國年表序》云：

> 秦既得意，燒天下詩書，諸侯史記尤盛，為其有所刺譏也。詩書所以復見者，多藏人家，而史記獨藏周室，以故滅。惜哉！惜哉！獨有《秦記》，又不載日月，其文略不具。然戰國之權變亦有可頗采者，何必上古。

史籍被燒毀，或因年代久遠自然消失，都是史書失傳的重要原因。今日可見，較完整地流傳下來的只有《春秋》、《國語》、《左傳》、《公羊傳》、《穀梁傳》等。

據《史記‧十二諸侯年表序》所載：

> 孔子明王道，干七十餘君，莫能用，故西觀周室，論史記舊聞，

---

4 呂思勉：《讀史札記》，頁 1278-1279，1983 年，木鐸出版社，台北。

興於魯而次《春秋》。上記隱，下至哀之獲麟，約其辭文，去其煩重，以制義法，王道備，人事浹。七十子之徒口受其傳指，為有所刺譏褒諱挹損之文辭不可以書見也。魯君子左丘明懼弟子人人異端，各安其意，失其真，故因孔子史記具論其語，成《左氏春秋》。

　　孔子以微言寄寓大義，據魯史及周王室、各諸侯國史官的記載，編修了我國現存最早的編年史書──《春秋》。由於《春秋》事簡文質，有如「標題」，不能具體說明歷史事件的前因、過程和結果，而其中所含褒貶深意，只能向弟子口授，不能用書面表現出來，故其缺疑頗多，且經文微言大義，後人妄自臆斷，容易使事態未明，大義不彰。作為七十子以外的左丘明，雖沒有「口授其傳指」，唯恐孔子弟子記取不全，或抱殘守缺，或各持異端，「各安其意」而「失其真」，因此，取孔子《春秋》及列國史記，欲以舊史之詳，具論其語，補《春秋》經文之約，而寫成了《左氏春秋》，即今名之《左傳》。

　　《春秋》經一而傳三，《公羊傳》、《穀梁傳》、《左傳》皆《春秋》經文之傳授講解。約略論之，前二者傳義不傳事，故詳於解釋經文之義例，可視為訓詁之傳；後者則詳於敘述經文所說之事實，傳事頗精確，為記載之傳。《左傳》不但以事翼經，融經學於史學，並寓褒貶於記事，使孔子微言大義昭明於世，而且發皇了孔子述史精神，奠定了我國數千年的正史傳承，《左傳》可說是我國第一部「完整」的編年史。

　　今本《國語》不編年，其書雖以春秋時事為主，但以記載君臣言論為多，而且其文不主於經，漢儒稱之曰「外傳」。全書體例殊為不一，又偏於重言，縱有記事，亦多孤立，難以知其原委，且辭多枝葉，整體觀之，全書支蔓而直率，不若《左傳》偏於記事，全書

行文峻健而委婉。

《左傳》對於歷史上發生過的大事件，敘述總是前後聯貫，尤其是霸主之戰爭盟會及諸侯國之興亡陵替的相關記載，確實具有歷史家的觀念，按諸史實，殆為實錄。據隱公十一年所載：

> 凡諸侯有命，告則書，不告則否。師出臧否，亦如之。雖及滅國，勝不告克，不書於策。

可知當時史官載籍的取捨標準是有原則及歷史概念的：諸侯國間的大事，必須接到各諸侯國的通知，有了確實的憑據，才能登錄於史策；其他如交戰國雙方的勝負；各諸侯國國祚不存，亦復如此。所以就先秦舊籍而言，《左傳》應為傳載信史之書。《左傳》記魯國十二公 242 年間事，依經文按年記事，首尾一貫，略具始終，廣博詳實，全書近二十萬字，篇幅之大，《史記》之前，無與倫比。故下一節探尋《韓非子》書中春秋時期史事之出處與來源時，就以《左傳》為主要查索之史籍。

第二節　《韓非子》與《左傳》之關係

《韓非子》與《左傳》二書史事可相互比較者，共約五十則，以下依《韓非子》篇章順序，標示簡要史事，指明《左傳》出處，以供參考。

1. 〈難言〉、〈內儲說下‧說六〉載萇弘為周人所殺。見《左傳》哀公三年。

2. 〈難言〉、〈內儲說上‧說二〉、〈十過〉、〈觀行〉 載董安于為趙簡主之才臣，心緩佩弘，為趙上地守，後死而陳於市。見《左傳》定公十三、十四年。

3. 〈二柄〉、〈難二〉、〈外儲說右下‧說三〉 載齊桓公好內。見《左傳》僖公十七年。

4.〈十過〉、〈喻老〉載晉獻公假道於虞以伐虢。見《左傳》僖公二、五年。

5.〈十過〉載楚靈王爲申之會，餓死於乾溪。見《左傳》昭公四年、十二年、十三年與《春秋》昭公十三年經文。

6.〈十過〉、〈喻老〉載重耳出亡及曹過鄭。見《左傳》僖公二十三年、三十年。

7.〈說難〉載秦大夫繞朝事跡。見《左傳》文公十三年。

8.〈姦劫弒臣〉載楚公子圍弒兄子麇而自立。見《左傳》昭公元年。

9.〈姦劫弒臣〉載齊崔杼弒君立景公。見《左傳》襄公二十五年。

10.〈備內〉、〈內儲說下·說五〉載驪姬殺申生而立奚齊。見《左傳》僖公四年、莊公二十八年與《春秋》僖公五年經文。

11.〈飾邪〉、〈十過〉載楚共王與晉厲公戰，司馬子反因穀陽行小忠而被戮。見《左傳》成公十六年。

12.〈喻老〉載宋子罕不受玉。見《左傳》襄公十五年。

13.〈說林上〉載晉伐邢，齊桓公救邢。見《左傳》閔公元年。

14.〈說林上〉載慶封爲亂於齊欲走越。見《左傳》襄公二十八年。

15.〈說林下〉載齊桓公伐孤竹。見《左傳》莊公三十年。

16.〈說林下〉載公子糾被殺，管仲、鮑叔牙相約事。見《左傳》莊公八、九年。

17.〈說林下〉載荊王伐吳，吳使沮衛、蹶融犒於荊師。見《左傳》昭公五年。

18.〈內儲說上·說一〉載叔孫相魯，貴而主斷，子父爲人僇。見《左傳》昭公四、五年。

19.〈內儲說上·說二〉載子產相鄭將死，教游吉以嚴涖人。見

《左傳》昭公二十年。

20.〈內儲說上‧說二〉載魯哀公問孔子隕霜不殺草。見《春秋》
僖公三十三年經文，與定公元年經文。

21.〈內儲說下‧說一〉載胥僮、長魚矯進讒晉厲公誅殺三卿，
厲公為諸卿所弒。見《左傳》成公十七年。

22.〈內儲說下‧說二〉載魯三桓逐昭公死於乾侯。見《左傳》
昭公二十五年與《春秋》昭公三十二年經文。

23.〈內儲說下‧說三〉載齊大夫夷射因無禮於刖者而被其計殺。
見《左傳》定公二、三年。

24.〈內儲說下‧說三〉載費無極計殺郤宛。見《左傳》昭公二
十七年。

25.〈內儲說下‧說五〉載衛州吁殺君奪政。見《左傳》隱公三、
四年。

26.〈內儲說下‧說五〉載齊田成弒簡公而奪政。見《左傳》哀
公十四年。

27.〈外儲說左上‧說三〉載蔡女蕩舟，為齊桓公所出並襲蔡。
見《左傳》僖公三、五年。

28.〈外儲說左上‧說三〉載晉文公與咎犯盟於河。見《左傳》
僖公二十四年。

29.〈外儲說左上‧說五〉載宋襄公與楚人戰，宋敗，襄公傷股
而亡。見《左傳》僖公二十二、二十三年。

30.〈外儲說左上‧說六〉載晉文公伐原示信。見《左傳》僖公
二十五年。

31.〈外儲說左下‧說二〉載晉文公出亡，箕鄭挈壺飧而從。見
《左傳》僖公二十五年。

32.〈外儲說左下‧說五〉載孟獻子以節儉獲令聞。見《左傳》

襄公十五年。

33.〈外儲說左下·說五〉載解狐薦其讎於晉侯。見《左傳》襄公三年。

34.〈外儲說右上·說一〉載齊景公與晏子游於少海，登柏寢之台。見《左傳》昭公二十六年。

35.〈外儲說右上·說三〉載晉文公斬顛頡。見《左傳》僖公二十八年。

36.〈外儲說右下·說三〉載衛君因周行人問其號而易名。見《左傳》僖公十八年。

37.〈難一〉載郤克為韓厥分謗。見《左傳》成公二年。

38.〈難二〉載齊景公欲為晏子更宅。見《左傳》昭公三年。

39.〈難三〉載晉文公出亡返國，寺人披求見。見《左傳》僖公五年、二十四年。

40.〈難三〉載齊桓公立孝公為太子。見《左傳》僖公十七年。

41.〈難三〉、〈難四〉、〈內儲說下·說五〉載楚商臣弒父。見《左傳》文公元年。

42.〈難四〉載衛孫文子聘於魯。見《左傳》襄公七年。

43.〈難四〉、〈外儲說左下·說二〉載魯陽虎欲攻三桓，不克而奔齊走趙。見《左傳》定公八、九年。

44.〈難四〉載公子目夷辭宋。見《左傳》僖公八年。

45.〈難四〉載鄭去疾讓位給其弟。見《左傳》宣公四年。

46.〈難四〉載魯桓弒兄。見《左傳》隱公十一年。

47.〈難四〉載高渠彌弒鄭昭公。見《左傳》桓公十七年。

48.〈難四〉載衛侯怒而不誅褚師，後褚師終而作亂。見《左傳》哀公二十五年。

49.〈五蠹〉載司寇行刑，君為之不舉樂。見《左傳》莊公二十年。

50.〈顯學〉載子產開畝樹桑，鄭人謗訾。見《左傳》襄公三十年。

二書有五十則事件的記載或史事的情節，可供比對參照如下：

（一）有幾近雷同者

如：高渠彌弒鄭昭公。

衛孫文子聘於魯。

（二）有事同名同，但詳略各異，或互有出入者

如：衛公子州吁重於衛。

晉獻公欲假道於虞以伐虢。

寺人披求見晉文公。

宋襄公與楚人戰於涿谷。

晉文公出亡，箕鄭挈壺飧而從。

崔杼弒齊莊公。

齊景公欲為晏子更宅。

荊王伐吳，吳使沮衛、蹶融犒於荊師。

魯三桓逐昭公。

（三）有名史事，典籍多載，傳聞頗廣，二書作者採擷取捨亦有不同

如：公子小白得國。

管仲相齊之事。

晉公子重耳出亡。

楚共王與晉厲公戰於鄢陵。

楚靈王為申之會。

（四）此存彼闕

1.《韓非子》有載，《左傳》無。

（1）〈說難〉載繞朝被殺。《左傳》文公十三年傳沒有記載。

（2）〈喻老〉記叔瞻二諫鄭君，若不厚待晉文公則不如殺之。

《左傳》僖公二十三年傳亦不載。

（3）〈用人〉記介之推義隨晉文公割股侍奉之事。《左傳》僖
　　公二十四年傳不書。

2.《左傳》有載，《韓非子》無（例子太多，此只舉數例）

（1）《左傳》文公元年傳載楚君徵詢令尹立商君爲太子之意見。
　　〈內儲說下・說五〉無此記載。

（2）《左傳》成公十六年傳載楚王與子反，子反與子重之對談。
　　〈十過〉、〈飾邪〉均不載。

（3）《左傳》襄公十五年傳載子罕使玉人治玉，並使獻玉者富
　　而復其所。〈喻老〉亦不載。

（4）《左傳》昭公二十七年傳載楚令尹命鄢將師攻郤氏，且燒
　　郤氏宅。〈內儲說下・說三〉亦不載。

　　歷來先論及《左傳》影響先秦諸子的是司馬遷，他於《史記・十
二諸侯年表序》云：「荀卿、孟子、公孫固、韓非之徒，各往往捃
摭春秋之文以著書，不可勝記。」這裡所說的《春秋》，專指《左
氏春秋》。劉正浩先生亦嘗言：「筆者曾略加統計，其述事立意本
於《左傳》者，韓非子有四十二處。」[5] 此外，周勳初、林金龍先生，
都有專文論及《韓非子》與《左傳》的關係。我們依前輩的步履前
進，已將初步的研究成果，呈現於前。

　　以下列出兩則史事，看看二書對相同事件記載的異同，可見韓非
引用《左傳》的情形的確有之，但絕非照單全收，他可能採用其他
古籍的說法而呈現出不同於《左傳》的文字記載。

1.高渠彌弒鄭昭公。

（1）鄭伯將以高渠彌爲卿，昭公惡之，固諫不聽。及昭公即
　　位，懼其殺己也，辛卯弒昭公而立子亹。〈難四〉

---

5 劉正浩：《先秦諸子述左傳考》，1980 年三版，臺灣商務印書館，台北。

（2）初鄭伯將以高渠彌為卿，昭公惡之，固諫不聽。昭公立，
　　　懼其殺己也，辛卯弒昭公，而立公子亹。（《左傳》桓
　　　公十七年）

　　比較：文字幾全同，唯《左傳》「亹」《韓非子》作「亶」。

2.晉文公斬顛頡。

（1）公曰：「刑罰之極安至？」對曰：「不辟親貴，法行所
　　　愛。」文公曰 ：「善。」明日令田於圃陸，期以日中
　　　為期，後期者行軍法焉。於是公有所愛者曰顛頡，後期，
　　　吏請其罪，文公隕涕而憂。吏曰：「請用事焉。」遂斬
　　　顛頡之脊，以徇百姓，以明法之信也。而後百姓皆懼，
　　　曰：「君於顛頡之貴重如彼甚也，而君猶行法焉，況於
　　　我則何有矣。」〈外儲說右上・說三〉

（2）今無入僖負羈之宮而免其族，報施也。魏犨顛頡怒，曰：
　　　勞之不圖，報於何有？爇（燒）僖負羈氏。魏犨傷於胸，
　　　公欲殺之，而愛其材，使問且視之，病將殺之。魏犨束
　　　胸見。使者曰：以君之靈，不有寧也。距躍三百，曲踊
　　　三百，乃舍之。殺顛頡，以徇于師。

（《左傳》僖公二十八年）

　　比較：顛頡被殺，二書差異頗大。據《左傳》所載，顛頡因燒了
晉文公恩人僖負羈之家，為晉君所殺以通報全軍。而《韓非子》所
載則指明顛頡違令為晉君以「明法之信」之名所殺。

第三節　《韓非子》與《戰國策》之關係

　　「戰國時代」的「戰國」二字，其原始之意，是指有能力進行規
模宏大而頻繁的進攻與防禦的國家，後來被視為特殊的時代看待，
成為時代的專稱。韓、趙、魏、楚、燕、齊、秦七國，是當時政治

舞台的主角。七國各自擁有其政府組織，並以中央集權模式的面貌出現。各國彼此之間的爭戰攻伐一直到秦始皇兼併六國爲止，幾乎無一年或停。各國彼此攻伐吞併

　　，據近人陳漢章統計，共有二百二十多次大小戰役[6]，漢朝劉向形容當時「幷大兼小，暴師經歲，流血滿野」（《戰國策書錄》），足以說明其時兵革不休的時代特色。當時的七大列強即是戰國七雄，而此一時期，就是戰國時代。

　　戰國時代的起訖，今日治史者多採信錢穆的說法。錢先生說：「春秋以下（自周貞定王二年亦魯悼公元年始，即西元前 467 年），迄於秦始皇二十六年（西元前 221 年）統一告成，其間共 246 年，後世目爲戰國時期。」[7]然接續春秋史事，迄於秦始皇統一中國，此一時期的史事記載，當時可能並無特定之專書專史（不似春秋時代，有《春秋》、《左傳》等較完整的編年史料。）今日，若欲查戰國時代的相關記載，可從《史記》、《戰國策》、《漢書》、《資治通鑑》、《韓非子》、《呂氏春秋》、《竹書紀年》、《世本》、《逸周書》、《韓詩外傳》、《新序》、《說苑》、新出土的馬王堆三號漢墓《戰國縱橫家書》等書中覓得資料。然就史事記載而言，戰國當時所產生的文獻，才是基本的、原始的史料，所以出土的文物史料、《戰國策》、先秦諸子著作應是戰國時代最值得重視的第一手史料，漢以後有關著作，則可視爲參考資料。

　　今本《戰國策》，爲劉向所編，所錄史事大多片段成章，又不載年、月，但已是戰國時代流傳下來，較完整而豐富的史料彙編書籍，其中所錄人名、事蹟，於今仍是考辨戰國史事的重要依據。

---

6 見陳漢章：《上古史》，頁 47。按：陳氏之數據，轉引自陳登原《國史舊聞》，頁 186-187，民國 73 年 3 月，明文書局，台北。
7 錢穆：《國史大綱》，頁 51，民國 71 年 6 月修訂 8 版，台灣商務印書館，台北。

　　我們欲探求《韓非子》書中戰國史事的出處與來源，今本《戰國策》當然爲重要的考索對象，經過兩相對照，粗略計算，兩書共有四十則史事可供相互比對：

1. 〈初見秦〉載人臣向秦王陳說破縱成霸之道。——見〈秦策一〉「張儀說秦王」章。

2. 〈十過〉載智伯瑤脅迫韓、魏攻趙，趙使張孟談約韓、魏共滅智伯。——見〈趙策一〉「知伯帥趙魏而伐范、中行氏」章。

3. 〈十過〉載韓王聽信陳軫，不信公仲朋，爲秦所敗。——見〈韓策二〉「秦韓戰於濁澤」章。

4. 〈姦劫弒臣〉載引諺語及《春秋》所載楚王子圍弒君自立，齊莊公爲崔杼所弒，二則史事言人主無法術以御其臣之害處。——見〈楚策四〉「客說春申君」章。

5. 〈說林上〉載魏王爲臼里之盟，彭喜勸鄭君勿從。——見〈韓策三〉「魏王爲九里之盟」章。

6. 〈說林上〉載子胥出走，誣稱邊侯吞其珠而得赦。——見〈燕策三〉「張丑爲質於燕」。

7. 〈說林上〉載智伯索地於魏宣子，任章勸宣子予地以驕智伯。——見〈魏策一〉「知伯索地於魏桓子」章。

8. 〈說林上〉載齊攻宋，宋使臧孫子南求救於荊，荊王許救而臧孫子洞察其僞而憂。——見〈宋衛策〉「齊攻宋宋使臧孫子索救於荊」章。

9. 〈說林上〉載魏文侯借道於趙而伐中山。——見〈趙策一〉「魏文侯於趙攻中山」章。

10. 〈說林上〉載溫人之周，溫人自稱主人。——見〈東周策〉「溫人之周」章。

11. 〈說林上〉載中射之士辯食不死之藥無罪。——見〈楚策四〉

「有獻不死之藥於荊王」章。

12. 〈說林上〉載魏文侯賞樂羊攻中山之功而疑樂羊食其子肉之心。——見〈魏策一〉「樂羊爲魏將而攻中山」章。

13. 〈說林上〉載惠子以楊樹爲喻，勸陳軫善事左右。——見〈魏策二〉「田需貴於魏王」章。

14. 〈說林下〉載宮他對周趮說必以有魏示齊王，才能得齊王之助。——見〈魏策四〉「周肖謂宮他」章。

15. 〈說林下〉載白圭謂宋大尹請賀宋君之孝。——見〈宋魏策〉「謂大尹曰」章。

16. 〈說林下〉載智伯欲伐仇由，先鑄大鐘與仇由而終滅其國。——見〈西周策〉「秦令樗里疾以車百乘入周」章。

17. 〈說林下〉載韓趙相與爲難，魏文侯講和，令二國不互伐而朝魏。——見〈魏策一〉「韓趙相難」章。

18. 〈說林下〉載韓咎立爲君未定，周以車百乘伺機持二可之說。——見〈韓策二〉「韓咎立爲君而未定」章。

19. 〈說林下〉載郭靖君將城薛，齊人以海大魚爲喻以勸輟城薛。——見〈齊策一〉「靖郭君將城薛」章。

20. 〈內儲說上・說一〉載張儀、惠施爲魏國是否合秦、韓之力伐齊、楚，或習兵修好，惠施力諫其君「劫主者失其半者也」之理。——見〈魏策一〉「張子儀以秦相魏」章。

21. 〈內儲說上・說一〉載江乙之說荊俗、〈內儲說下・說一〉載州侯相荊，左右爲之隱。——俱見〈楚策一〉「江乙爲魏使於楚」章。

22. 〈內儲說上・說一〉載龐恭以三人言市有虎爲喻，勸魏王不要聽信讒言。——見〈魏策二〉「龐蔥與太子質於邯鄲」章。

23. 〈內儲說上・說二〉載衛嗣公以五十金買胥靡，魏王載而往，

徒獻之。──見〈宋魏策〉「魏嗣君時胥靡逃之魏」章。

24.〈內儲說上・說四〉載申不害以趙紹、韓沓試君之動貌而後進言。──見〈韓策一〉「魏之圍邯鄲」章。

25.〈內儲說上・說四〉載三國兵至函，秦王與樓緩、公子泛共議退兵之計。──見〈秦策四〉「三國攻秦入函谷」章。

26.〈內儲說下・說二〉載大成午教申不害相互從趙韓二國取得控制權。──見〈韓策一〉「大成午從趙來」章。

27.〈內儲說下・說三〉載鄭袖教美人掩鼻觸王怒，而遭劓刑。──見〈楚策四〉「魏王遺楚王美人」章。

28.〈內儲說下・說五〉載嚴遂令人刺韓廆，兼中哀侯。──見〈韓策二〉「韓傀相韓」章。

29.〈內儲說下・說六〉載楚王欲扶甘茂相秦，干象力諫應舉共立相秦。──見〈楚策一〉「楚王問於范環」章。

30.〈外儲說左上・說四〉載趙主父使李疵視中山，其君舉士朝賢，因而伐中山。──見〈中山策〉「主父欲伐中山」章。

31.〈外儲說左上・說五〉載郭靖君請齊王自理終歲之計，吏盡揄刀削其押勞升石。──見〈齊策一〉「郭靖君謂齊王曰」章。

32.〈外儲說左上・說五〉載申子欲請仕其從兄官，昭侯以申子之言前後矛盾責之。──見〈韓策一〉「申子請仕其從兄官」章。

33.〈外儲說左上・說六〉載魏文侯與虞人期獵，疾風而往，不失信。──見〈魏策一〉「文侯與虞人期獵」章。

34.〈外儲說右上・說二〉載田嬰欲知王所欲立夫人，獻玉珥，視美珥所在，勸王立以為夫人。──見〈齊策三〉「齊王夫人死」章。

35.同上。——見〈楚策四〉「楚王后死」章。

36.〈外儲說右上・說二〉載甘茂相秦，其吏道穴聞，因誣陷公孫衍而逐之。——見〈秦策二〉「甘茂相秦」章。

37.〈外儲說右下・說三〉載蘇代以齊國之事為喻，潘壽以堯舜禪讓之說為說，使燕王寵信子之，以國讓子之。——見〈燕策一〉「燕王噲既立」章。

38.〈難一〉、〈說林上〉俱載韓宣王謂　留欲二用公仲、公叔，樛留以史為鑑諫王不可。——見〈韓策一〉「宣王謂樛留」章。

39.〈難三〉載秦昭王輕視韓、魏二國，中期進諫勿易之。——見〈秦策四〉「秦昭王謂左右」章。

40.〈難四〉載侏儒以夢灶為喻諫衛靈公，廢雍鉏、彌子瑕而立司空狗。（部份情節亦載於〈內儲說上・說一〉）——見〈趙策三〉「衛靈公近雍疽彌子瑕」章。

茲將二書比較如下：

（一）甚多相同的記載

1.溫人之周，自稱主人。

2.甘茂相秦，其吏陷公孫衍。

3.靖郭君將城薛，客以海大魚為喻勸輟城薛。

4.江乙之說荊俗。

5.州侯相荊，左右為之隱。

6. 中射之士辯食不死之藥無罪。

7. 智伯索地於魏宣，任章勸宣子予地以驕智伯。

8. 韓趙相與為難，魏文侯講和令二國不互伐而朝魏。

9. 魏文侯賞樂羊攻中山之功而疑其食子肉之心。

10.惠施以楊樹為喻，勸陳軫善事左右。

11.龐恭以三人言市有虎爲喻，勸魏王弗信讒言。

12.大成午教申不害相互從趙、韓二國取得控制權。

13.韓宣王謂樛留欲二用公仲、公叔，樛留以史爲鑑諫王不可。

14.魏王爲臼里之盟，彭喜勸鄭君勿從。

15.齊攻宋，宋使臧孫子南求於荊，臧仲子洞察其僞而憂。

（二）彼此互有繁省

【1】《韓非子》記載比《戰國策》詳贍，有些史事似乎已經過
　　　韓非重組改寫，潤飾了不少文字。

1.智伯欲伐仇由，先鑄大鐘與仇由而滅其國。

2.人臣向秦王陳說破縱成霸之道。

3.靖郭君請齊王自理終歲之計，吏盡揄刀削其押券升石。

4.田嬰欲知王所欲立夫人，獻玉珥，視美珥所在，勸王立以爲夫人。

5.張儀、惠施爲魏國是否欲合秦、韓之力伐齊、楚，或息兵修好，
　惠施力諫其君「劫之者失其半者也」之理。

6.蘇代以齊國之事爲喻，潘壽以堯舜禪讓之事爲說，使燕王寵信
　子之，以國讓子之。

7.魏嗣公以五十金買胥靡，魏王載而往，徒獻之。

8.趙主父使李疵視中山，其君舉士朝賢，因而伐中山。

【2】《戰國策》所載比《韓非子》詳贍

1.三國兵至函，秦王與樓緩、公子氾共議退兵之計。

2.秦昭王輕視韓、魏二國，中期進諫勿易之。

3.楚王欲扶甘茂相秦，干象力諫應舉共立相秦。

4.鄭袖教美人掩鼻觸王怒，而受劓刑。

5.侏儒以夢灶爲喻，諫衛靈公廢雍鉏、彌子瑕而立司空狗。

6.魏文侯與虞人期獵，疾風而往，不失信。

7.申子欲請仕其從兄官，昭侯以申子之言前後矛盾責之。

8.韓王聽信陳軫，不信公仲朋，爲秦所敗。

9.嚴遂令人刺韓廆，兼重哀侯。

10.子胥出走，以誣稱邊侯吞其珠爲辯而得赦。

【3】二書所載互有詳略繁省

1.智伯瑤脅迫韓、魏攻趙，趙使張孟談約韓、魏共滅智伯。

【4】二書所載，間有小異

1.魏文侯借道於趙而伐中山。

2.宮他對周趮說必以有魏示齊王，才能得齊王之助。

3.申不害以趙紹、韓沓試君之動貌而後進言。

4.韓咎立爲君未定，周以車百乘伺機持二可之說。

5.白圭謂宋大尹請楚賀宋君之孝。

【5】文章整篇段落相同

1.《戰國策·秦策一》「張儀說秦王」章，就是《韓非子·初
　見秦》。

2.《戰國策·楚策四》「客說春申君」章載孫子答春申君書，就
　是《韓非子·姦劫弒臣》最後一段文字。

【6】《韓非子》書中，另載有其他異聞（顯示韓非蒐羅宏博的
　　　能力，與細大不捐、纖介無遺的態度。）（參見本章第四
　　　節傳說異聞）

1.甘茂相秦，其吏道穴聞之，因誣陷公孫衍而逐之。

2.靖郭君請齊王自理終歲之計，吏盡揄刀削其押券升石。

3.鄭袖教美人掩鼻觸王怒，而受劓刑。

4.蘇代以齊爲喻，潘壽以堯舜禪讓之事爲說，使燕王寵信子之，
　以國讓子之。

縱觀二書所俱載的四十則史事，除了記載一致者外，大同小異之
處甚多，儘管二書互有增減，且於人名、數字與個別虛字有所小異

外，絕大部份頗相類似，尤其史事之發展，情節一致，明顯地看出二書密切的關係。我們推測：

1. 二書有可能彼此抄襲。

2. 與今本《戰國策》系統相接近的史書，當時應有許多不同的本子（類似《戰國縱橫家書》），記載當時的史事，韓非應有可能閱讀過一些此類書籍，並且一一加以採樣抉擇，以為立論所需，才會發生《韓非子》與今本《戰國策》或雷同、或互有差異之史事記載。（《戰國策》前身的那些史書、或《戰國策》系統的古書，對韓非影響很大，韓非可能大量閱讀了這些典籍，並且大量地摘引了有關的材料。）

3. 有些文字上不同，或為傳寫致誤而引起。

4. 經過韓非的考證，認為原說有所不妥，因而作了一些文字加工。

5. 二書作者為了遷就自身學派與自己立論所需，對於史事之敘述，或略有增刪重組，或就傳聞中擇樣而取，以符己意。

6. 法家與縱橫家的精神內涵不同，從歷史事件得出的歷史教訓也就有所不同。韓非著書立說有其明確的政治目標，並且有其原則性：即是為宣傳法家政治之理念而服務，闡明政治主張而設計的；而史事之收集編錄，是為凸顯論點而彙集的。而《戰國策》是劉向於西漢時據中央圖書所載縱橫家的零散著作編纂而成，資料龐雜，多為各個縱橫家的謀略記載或事蹟記錄。一者是縱橫家相關史料的彙編；一者是子書，偏重議論兼有政論、史論。因此，《韓非子》、《戰國策》二書作者所載之精神內涵，是相當不同的。[8]

---

8 此節的觀點、史事考索，亦參見周勳初〈戰國策與韓非子〉、林金龍〈韓非子書中戰國史事考辨〉兩篇專文。

第四節　傳說異聞

　　傳說異聞是野史記載、不同版本史書所載或口頭流傳的故事，這種故事不載於正式的歷史書籍，如：《左傳》、《國語》、《戰國策》，但卻古樸可愛，別有意趣。《韓非子》書中，收錄豐富的傳說異聞，不但表現出作者淵博的知識，更增加文章的生動性與說服力。以下我們展示韓非收錄的傳說異聞：

　　1.湯以伐桀，而恐天下言己為貪也，因乃讓天下於務光。而恐務光之受之也，乃使人說務光曰：「湯殺君，而欲傳惡聲於子，故讓天下於子」，務光因自投於河。〈說林上〉

此段引湯、務光之間的一段傳說，深刻地描摹為奪君位不擇手段的陰謀。

　　2.子圉見孔子於商太宰，孔子出，子圉入。太宰曰：「吾已見孔子，則視子猶蚤蝨之細者也，吾今見之於君。」子圉恐孔子貴於君也，因謂太宰曰：「君已見孔子，亦將視子猶蚤蝨也。」太宰因弗復見也。〈說林上〉

此段韓非引傳說，傳達法術之士被陰險小人排擠的幽微之意。

　　3.魏文侯與虞人期獵，是日會天疾風，左右止，文侯不聽，曰：「不可。以風疾之故而失信，吾不為也。」遂自驅車往，犯風而罷虞人。〈外儲說左上〉

　　4.吳起出遇故人，而止之食。故人曰：「諾，今返而御。」吳子曰：「待公而食。」故人至暮不來，起不食而待之。明日早，令人求故人，故人來，方與之食。〈外儲說左上〉

此引魏文侯、吳起的傳說，說明「信」的重要性。

　　5.紂為長夜之飲，懼以之失日。問其左右，盡不知也，乃使人問箕子。箕子謂其徒曰：「為天下主，而一國皆失日，天下

　　　　其危矣。一國皆不知，而我獨知之，吾其危矣。」辭以醉而
　　　　不知。〈說林上〉

此段載錄紂酒池肉林的糜爛生活，終必亡國，以爲有國者之借鏡。
又箕子辭以醉而不知，是明哲保身的歷史教訓。

　　　《韓非子》傳說異聞的收錄，散見於各篇，但於六篇〈儲說〉中，
韓非以「一曰」的形式，保存了許多不同的故事、史實和說法，尤
爲特別。「一曰」的出現，表示一事有不同的記載，顯示韓非採摭
史料，編纂史事時，蒐羅廣博的能力，與細大不捐的態度。陳麗珠
說：「『一曰』當爲韓非所作。……韓非將平日網羅蒐集之史料，
與其異聞異說者，羅列並存，以示整理史實、運用史事時的存真與
闕疑的負責態度。」[9]

　　　韓非將他收集到的傳說異聞和各史料故事分類編輯。由於韓非當
時並未注明各則異聞出處，及韓非當時閱讀過的大量書籍今多已亡
佚，我們實無法考索其來源。如〈內儲說上·說三〉越王勾踐見怒
蛙而式之；〈外儲說右上·說一〉薛公相齊；〈外儲說右上·說三〉
宋之酤酒者；〈外儲說右上·說三〉潘壽、燕王欲傳國於子之，均
載有異說。於此只列出一則有趣的異聞供參考。「燕人李季好遠出，
浴之以矢」〈內儲說下·說一〉：

　　　　燕人，其妻有私通於士，其夫早自外而來，士適出。夫曰：「何
　　　　客也？」其妻曰：「無客。」問左右，左右言：「無有。」如
　　　　出一口。其妻曰：「公惑易也。」因浴之以狗矢。
　　　　一曰：燕人李季好遠出，其妻有私通於士，季突至，士在內中，
　　　　妻患之。其室婦曰：「令公子裸而解髮，直出門，吾屬佯不見
　　　　也。」於是公子從其計，疾走出門。李曰：「是何人也？」家

―――――――――――――――

9 陳麗珠：《韓非子儲說研究》，頁60，1994年，師大國研所碩士論文。

室皆曰：「無有。」季曰：「吾見鬼乎？」婦人曰：「然。」
「為之奈何？」曰：「取五牲之矢浴之。」季曰：「諾。」乃
浴之以矢。一曰：浴以蘭湯。

這是同一故事而有不同的說辭，韓非把它們並收在一起。

　　另有一種情形，表面看像似傳說，其實有所本，只是韓非不言明
出處，如：

1.〈十過〉云：

平公曰：「清角可得而聞乎？」師曠曰：「不可。……聽之將
恐有敗。」平公曰：「寡人老矣，所好者音也，願遂之。」師
曠不得已而鼓之，一奏，而有玄雲從西北方起；再奏之，大風
至，大雨隨之。裂帷幕，破俎豆，隳廊瓦，坐者散走，平公恐
懼，伏於廊室之間。

《莊子》逸文云：

師曠為晉平公作清角。一奏，有雲從西北起；再奏，大雨大風
隨之。裂帷幕，破俎豆，隳廊瓦，平公懼，伏於室內。（《御
覽》七六七引）

　　兩相比較，韓非所引，文字有所增益。

2.〈難一〉云：

楚人有鬻楯與矛者，譽之曰：「吾楯之堅，物莫能陷也。」又
譽其矛曰：「吾矛之利，於物無不陷也。」或曰：「以子之矛，
陷子之楯，如何？」其人弗能應也。（又見於〈難勢〉）

《莊子》逸文云：

楚人有賣矛及楯者，見人來買矛，即謂之曰：「此矛無何不徹。」
見人來買楯，則又謂之曰：「此楯無何能徹者。」買人曰：「還
將爾矛刺爾楯，若何？」（《穀梁傳》哀公二年楊士勛疏引）

韓非與莊子兩人說辭儘管不同，但說的是同一事件，韓非的矛盾說

承襲莊子之文，明顯可見。

3. 〈難三〉云：

> 宋人語曰：「一雀過羿，羿必得之，則羿誣矣。以天下為之羅，
> 則雀不失矣。」（難三）

《莊子·庚桑楚》云：

> 一雀適羿，羿必得之，威也。以天下為之籠，則雀無所逃。

韓非在〈難三〉篇明引〈庚桑楚〉篇之文，卻不稱莊子的姓名，而
改稱之為「宋人」。

第五節　《韓非子》之寓言故事

　　寓言就是寓意於言，也就是把其意義蘊藏在故事之中，讓人們在
故事的情節裡記取它的涵義（主題思想）；寓言是文學作品的一種
體裁，用比喻的手法，通過簡短的故事，表明一定的道理，帶有教
育和諷刺的意義。

　　《韓非子》中有許多民間寓言。「民間寓言」是流傳於廣土眾民
之間的口頭文學創作，取材廣泛，語言樸實平易，但刻畫人物深入，
形象突出。早期的民間寓言，大都以口耳相傳，於流傳的過程中，
是沒有固定內容的，因為每一個故事，均有可能「再創作」，所以
故事在真實與虛構中，多少增加了幽默風趣的內容，或是諷刺教訓
的含意。

　　韓非的思想呈露了他強烈的人間性與現實性，容易把實際環境中
的世態人情與現實內容的民間故事題材，吸納進去。而這些故事也
適合他文章那種寓言設理，譬喻明法的風格。[10] 以下我們將介紹這
些具概括性與形象特徵的寓言故事：

---

10 以上參見王懷成：《韓非子之散文藝術》，頁136-137，1998年，復文出版社，高雄。

1.楚人有賣其珠於鄭者，為木蘭之櫃，薰以桂椒，綴以珠玉，飾以玫瑰，輯以翡翠。鄭人買其櫃，而還其珠。此可謂善賣櫃矣，未可謂善鬻珠也。〈外儲說左上〉

此一「買櫝還珠」的寓言，諷喻一般人常常被事物外表的絢麗而忽略了實質，及捨本逐末的觀念做法。

2.鄭縣人卜子使其妻為袴，其妻問曰：「今袴何如？」夫曰：「象吾故袴。」妻因毀新，令如故袴。〈外儲說左上〉

此「卜妻為袴」的寓言，乃在諷刺儒家法先王，墨守成規，愚蠢可笑。

3.鄭人有欲買履者，先自度其足，而置之其坐。至之市，而忘操之。已得履，乃曰：「吾忘持度，反歸取之。」及反，市罷，遂不得履。人曰：「何不試之以足？」曰：「寧信度，無自信也。」〈外儲說左上〉

此「鄭人買履」的寓言，諷刺那些形式主義者所犯的錯誤，提醒人們要注重現實。

4.宋人有耕者，田中有株，兔走觸株，折頸而死，因釋其耒而守株，冀復得兔。兔不可復得，而身為宋國笑。〈五蠹〉

此「守株待兔」的寓言，諷刺儒家墨守成規、不知變通。

5.郢人有遺燕相國書者，夜書，火不明，因謂持燭者曰：「舉燭」云，而過書「舉燭。」「舉燭」，非書意也，燕相受書而說之，曰：「舉燭者、尚明也。尚明也者、舉賢而任之。」燕相白王，王大悅，國以治。治則治矣，非書意也。〈外儲說左上〉

此「郢書燕說」寓言，乃諷刺一些穿鑿附會、誤打誤中者的言行。

6.齊宣王使人吹竽，必三百人。南郭處士請為王吹竽，宣王說之，廩食以數百人。宣王死，湣王立，好一一聽之，處士逃。

〈內儲說上〉

此「濫竽充數」寓言，諷喻當時君王聽言不知「一聽責下」，終被蒙蔽。

7.楚人和氏得玉璞楚山中，奉而獻之厲王。厲王使玉人相之。玉人曰：「石也。」王以和為誑，而刖其左足。及厲王薨，武王即位，和又奉其璞而獻之武王。武王使玉人相之，又曰：「石也。」王又以和為誑，而刖其右足。武王薨，文王即位，和乃抱其璞而哭於楚山之下，三日三夜，泣盡而繼之以血。王聞之，使人問其故：「天下之刖者多矣，子奚哭之悲也？」和曰：「吾非悲刖也，悲夫寶玉而題之以石，貞士而名之以誑，此吾所以悲也。」乃使玉人理其璞，而得寶焉，遂命曰：「和氏之璧。」

此「和氏獻璞」的寓言，藉以說明法術之士不易見用的緣故，及其處境之艱難，也諷喻當時君王之不識貨。

《韓非子》的寓言，多取於前代史策或民間故事，這些流傳的事蹟，經韓非的巧思鎔鑄、加工改造，都成為書中哲理的最佳注腳，一則則都很能發人深省，也使原來深硬的說理散文，頓時充滿文學趣味及莞爾後的領悟。

最後，在結束本章之際，我們可以約略統整韓非為文的心路歷程。韓非口吃難言，而改以著作施展他的政治抱負。他多年勤於治學，廣泛閱讀，將先秦古籍、史書的資料化為他的學術養分，並大量吸納流傳於民間的傳說、異聞、寓言等故事，漸漸形成自己的理論架構，又以所學逐一檢視、驗證自己的思想。

國家圖書館出版品預行編目資料

韓非子哲學新探 / 陳蕙娟著. -- 初版. - 臺
北市：文史哲，民 93
　　面： 公分. -- (文史哲學集成 ；485)
參考書目：面
ISBN 957-549-559-4 (平裝)

1.（周）韓非子 – 學術思想 – 哲學

121.67　　　　　　　　　　　93007845

文史哲學集成　485

韓非子哲學新探

著　　者：陳　　蕙　　娟
出 版 者：文 史 哲 出 版 社
　　　　　http://www.lapen.com.tw
登記證字號：行政院新聞局版臺業字 五三三七號
發 行 人：彭　　正　　雄
發 行 所：文 史 哲 出 版 社
印 刷 者：文 史 哲 出 版 社
臺北市羅斯福路一段七十二巷四號
郵政劃撥帳號：一六一八○一七五
電話886-2-23511028・傳真886-2-23965656
實價新臺幣三二○元
中華民國九十三年(2004)五月初版